华侨大学"华侨华人研究"专项经费资助项目

（HQHRZD2020-04）

资助

Management
Insights
管理新视野

SEEKING FORTUNE
IN THE NATIVE COUNTRY

百川归海：
新生代华侨华人
回国创业影响研究

郭惠玲 著

厦门大学出版社 国家一级出版社
XIAMEN UNIVERSITY PRESS 全国百佳图书出版单位

图书在版编目（CIP）数据

百川归海：新生代华侨华人回国创业影响研究 / 郭
惠玲著. -- 厦门：厦门大学出版社，2023.4
（管理新视野）
ISBN 978-7-5615-8959-5

Ⅰ．①百… Ⅱ．①郭… Ⅲ．①华侨－创业－影响－研
究－中国②华人－创业－影响－研究－中国 Ⅳ．
①F249.214

中国版本图书馆CIP数据核字(2023)第056769号

出 版 人　郑文礼
责任编辑　江珏玙
美术编辑　李嘉彬
技术编辑　朱　楷

出版发行　厦门大学出版社
社　　址　厦门市软件园二期望海路39号
邮政编码　361008
总　　机　0592-2181111　　0592-2181406(传真)
营销中心　0592-2184458　　0592-2181365
网　　址　http://www.xmupress.com
邮　　箱　xmup@xmupress.com
印　　刷　厦门市明亮彩印有限公司

开本　720 mm×1 020 mm　1/16
印张　13.5
插页　2
字数　175 千字
版次　2023 年 4 月第 1 版
印次　2023 年 4 月第 1 次印刷
定价　56.00 元

本书如有印装质量问题请直接寄承印厂调换

前 言

自新中国成立以来,海外华侨华人出现了多次归国浪潮。2008 年金融危机之后,西方发达国家经济发展开始减速,我国经济发展不断提速,促使海外华侨华人出现新一波归国浪潮。"十四五"时期,中国经济社会迎来了新的发展机遇,2020 年全球新冠肺炎疫情蔓延所导致的一系列影响也使中国在发展过程中面临着诸多挑战。为应对新时代中国的机遇与挑战,习近平总书记明确提出"推动形成以国内大循环为主体、国内国际双循环柜互促进的新发展格局"。

新生代华侨华人不仅是创新人才和关键技术的重要来源,也是国家间政治、经济、文化等多方面交流的关键枢纽,是我国高质量发展的主要生力军。作为一个集政治、经济、智力、信息、网络关系等"侨务资源"于一体的特定人群,新生代华侨华人回国创业是推动我国科技国际化与经济全球化的重要力量,是实现"双循环"新发展格局的重要因素。习近平总书记在党的二十大报告中强调,要加强和改进侨务工作,形成共同致力民族复兴的强大力量。

在新生代海外华乔华人的相关研究中,目前大多学者更多聚焦于新生代海外华侨华人"走出去"或者海外创业过程的相关研究,较少关注其回国创业研究。从网络关系视角来看,学术界更多关注的是创业者、创业团队和企业整体,忽视了新生代海外华侨华人独特的海外网络关系。少量关于海外华侨华人回国创业的研究大多只是对我国的人才引进、经济提升、文化传播等方面的定性研究,关于回国创业绩效的研究较少,且涉及的因素缺少有机联系。基于相关文献回顾和本课题组对回国创业的新生代华侨华人的深度访谈,我们发现,借助新生代华侨华人海外网络(商业网络和社会网络)资源,可以更好地引进先进的技术、人才和资源,促进国内外的经济技术交流与合作,增强中国产品的市场竞争力和海内外市场的联结度,也能够为华侨华人回国创业提供良好的发展基础。当然,海外网络资源与中国市场客观存在的文化差异和新生代华侨华人回国创业的动机差异,会对上述网络资源的作用发挥产生不同的影响。

基于上述现实和理论背景,本书首先深入了解新生代华侨华人的特征、发展趋势和回国创业的动因,然后以社会资本理论为理论基础,通过156份有效调查问卷,对新生代华侨华人海外商业和社会网络对其回国创业绩效的影响作用,以及"文化差异"和"创业动机"在这一影响路径中可能产生的边界作用进行了实证研究。具体包括以下几个方面的内容:

1.分析新生代华侨华人海外商业和社会网络关系的本质差异,探究其对回国创业绩效的影响差异。结果表明,新生代华侨华人的海外商业网络关系对其回国创业绩效产生显著的正向影响,但其海外社会网络关系的正向影响不显著。

2.引入创业动机这一个体因素,探究基于不同的创业动机(生存型动机和发展型动机),新生代华侨华人海外商业和社会网络关系对其回国创业的影响差异。结果表明,生存型动机在新生代华侨华人的海外网络关系和回国创业绩效之间产生显著的负向调节作用,但发展型动机在新生代华侨华人的海外网络关系和回国创业绩效之间产生显著的正向调节作用。

3.引入文化差异这一环境因素,探究基于海内外的不同文化差异,新生代华侨华人海外商业和社会网络关系对创业绩效的影响差异。结果表明,文化差异负向调节新生代华侨华人的海外商业和社会网络关系对其回国创业绩效的影响作用。

为了更好地理解新生代华侨华人回国创业实践和验证本书提出的理论研究模型,本课题组深入调研澳大利亚华商丁总与菲律宾华商陈总的回国创业之路。最后根据理论、实证和案例研究得出的结论,针对如何促进新生代华侨华人回国创业提出了相应的对策建议。

本书的完成前后花费了整整三年时间,这是一个选题较新、内容涵盖面较广、研究对象较为特殊的研究,仅靠笔者一人之力是难以完成的。这其中凝聚了我的领导、同事、同学们和许多素昧平生的各界朋友的智慧与劳动,对于他们的积极参与和热心帮助,"感谢"二字不足以表达我心中的感激之情,但我仍希望借此机会略表谢忱。

首先,我特别感谢华侨大学原副校长曾路教授、工商管理学院院长衣长军教授、工商管理学院杨树青教授和张媛老师在课题选题、理论建构、实证与案例研究过程中的专业建议和帮助,是他们多次积极参与课题研讨,并为课题组的实地访谈和调研工作牵线搭桥,使得本书理论框架和内容结构得以不断完善并顺利完成。

其次,本书的实地调研、访谈和问卷调查是在厦门、泉州、青田、温州、济南、青岛等地区统战部和侨商联合会、华侨大学海外校友会以及多位侨领的倾力帮助下才顺利实现的。感谢以上各界朋友们在课题组调研过程中做到"知无不言,言无不尽",使本书的内容能更好地呈现出中国当前特定背景下的现实问题。

再次,感谢华侨大学的陈政勋、孙伊佳、宋钲顺和杨雯茜等多名研究生在本书的文献资料收集与整理、问卷设计、数据收集分析和书稿校对等工作中竭力协助我,感谢他们牺牲自己的寒暑假参与本课题的研究。

复次,也特别感谢那些配合我开展调查、及时如实填写调查问卷的各位回国创业的新生代华侨华人,没有他们的积极配合与协助,本书将会变得空洞无物。在此,我祝福他们的事业蒸蒸日上!

最后,感谢我的家人对我工作的无私支持,感谢华侨大学工商管理学院为我提供了良好的科研条件和涉侨研究的平台,感谢厦门大学出版社对本书的出版给予的支持和帮助。

除此之外,还有很多人利用他们自己的资源和时间帮助我开展研究,在此虽无法一一表达谢意,但感恩铭记在心。囿于本人的研究能力,书中必定还有许多不足之处,敬请读者批评指正。

郭惠玲

2023 年 3 月于华侨大学

目　录

第一篇　导　论

第二篇　实证研究

第三篇　案例分析与对策建议

第一篇　导论

第一章 绪 论

一、研究背景

(一)归国浪潮的兴起

自 1949 年新中国成立以来,海外华侨华人群体在全球范围内掀起了多次归国的热潮。最早的海外华侨华人归国浪潮出现于 1949 年新中国成立初期,当时举国上下百废待兴,我国各行各业都急需大量专业人才,不少海外华侨华人爱国人士决定回国建设家园。相关数据显示,在新中国成立后的 5~8 年间,各行各业归国的海外华侨华人有 20 万余人[①]。当时,华侨华人归国艰难,像钱学森、邓稼先、程开甲等科学家,都是想尽一切办法才回到祖国,投身祖国建设。他们的归来缓解了当时我国高水平、高科技人才紧缺的困境和局面,同时也带动了国内经济的发展[②]。

第二波大规模的归国浪潮则是发生在 20 世纪五六十年代。当时

---

① 为指导做好安置难侨贫苦旧侨等生产生活上的工作[A].安溪县档案馆,1953-6-10,编号 0048-002-0003-0003.

② 侯印国,李媚."九〇后"老归侨陈汉民:与时代同呼吸的家国情怀[J].华人时刊,2022(3):42-43.

海外各地区出现了大规模的排华事件:从政治层面来看,新中国成立后经济发展迅速,在全球的地位威胁到了一些西方国家,华侨华人成为一些所在国政治斗争的牺牲品。从经济层面来看,当时华侨华人在海外勤奋刻苦,获得的收入会比一些国家的当地居民好上许多,这也使得一些外国人对华侨华人萌生了仇富心理;从文化方面来看,海外华侨华人向来有着同族群居的生活习惯,这也间接影响到他们融入当地社会。在这些因素的推动下,海外多国对华侨华人的排挤局面越发严峻,最终海外华侨华人被迫离开扎根已久的侨居国,形成了被动回国发展的浪潮[①]。

第三次较大规模的归国浪潮是在 1978 年中国改革开放以后。当时,中国政府迫切希望与海外各国取得进一步的联系。在政治、经济、文化等方面都逐步开放的情况下,中国经济发展速度得到了提升,这也为海外华侨华人回国发展提供了良好的契机。自改革开放以来,中国不断出台各种招商引资、惠侨政策,吸引了不少海外华侨华人归国创业,一时掀起了较大规模的归国创业浪潮。在这一时期华侨华人归国是主动的,主要归因于中国市场环境的改善,创业就业机会显著增加。

随后 30 年,改革开放使中国经济实力迅速增强,营商环境得到了显著的提升,这对海外华侨华人回国产生了强烈的吸引力。特别是2008 年全球金融危机发生后,许多发达西方国家的经济陷入停滞状态,我国成为全世界投资人最安全的“避风港”。这引发了新的商机,催生了一波新的归国投资创业浪潮。北京大学东南亚问题专家杨保筠在一次访问中指出:“中国改革开放以后采取了比较正确的外交路线,与周边国家关系融洽,为生活在世界各国的华侨华人往来于所在国和中国提供了很多便利,这也吸引了更多华侨华人,尤其是为年龄偏低、知

---

① 黄小坚.归国华侨的历史与现状[M].香港:香港社会科学出版社,2005.

识层次较高、资金实力雄厚的华侨华人回国发展创造了条件。"可见,此时回国的人群,主要是新生代华侨华人。

在 20 世纪 90 年代,我国中央政府就敏锐地观察到海外华侨华人人才对经济社会发展的重要性。此后,中国政府在国家层面相继出台了一系列吸引海外华侨华人人才的具体计划。在地方层面,江苏苏州的"姑苏人才计划"、江苏无锡的"530 人才计划"、浙江杭州的"5050 计划"、广东东莞的"人才东莞"战略等,都纷纷为引进华侨华人专业人士而创造各种条件,吸引海内外创新创业专业人士。这些政策对海外华侨华人专业人士的回流起到了巨大的推动作用,形成了一波又一波的海外华侨华人归国的小浪潮。为进一步吸引华侨华人专业人士回国创业,我国政府各部门努力出台各项政策为其回国发展创造良好的环境,还提供了优惠政策和措施。招商引资、鼓励海外华侨华人回国兴业也是近几年来各级政府关注的焦点,在国侨办和中组部等机构的共同努力下,通过专项投资大会、世界华人华侨工商大会等成功吸引大波华侨华人回国创业与就业。

进入 21 世纪后,随着国内经济发展水平的不断提高和投资环境的不断改善,一批又一批海外华侨华人回到祖国怀抱,为国家建设贡献一份力量。根据《国际人才蓝皮书:海外华侨华人专业人士报告》在 2014 年的调查数据与 2020 年 1 月的数据,自 2007 年起,中国出国留学生回国人数是逐年增长的。如图 1-1 所示,2007 年出国留学人数将近 14.8 万人次,而 2018 年出国留学人数已达到了 66.2 万人次。但如图 1-2 所示,2007 年留学生回国人数仅有 4.4 万人次,与 2007 年出国留学生人数相比,出国留学生回流比例仅达到了总数的 30% 左右。2008 年这个比例上升至 38%,此后该比例逐年增长,直至 2018 年的数据显示,中国留学生回国比例达到了 78%。可见,中国经济的飞速发展,使大量年轻人出国后都愿意回国发展。

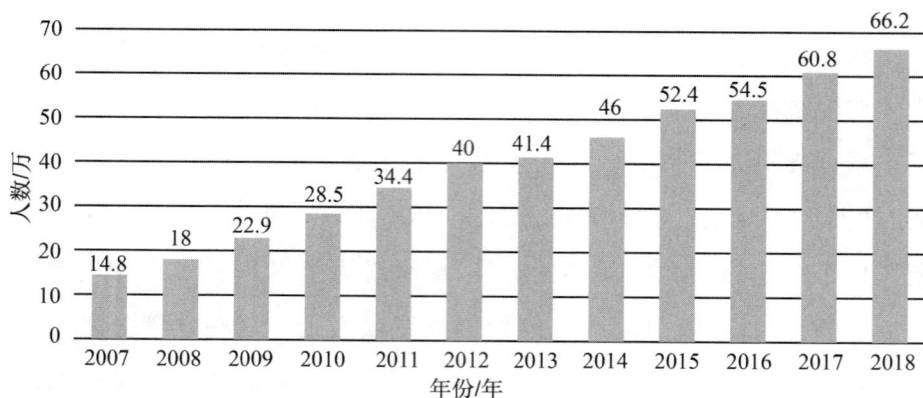

图 1-1　2007—2018 年中国出国留学人数

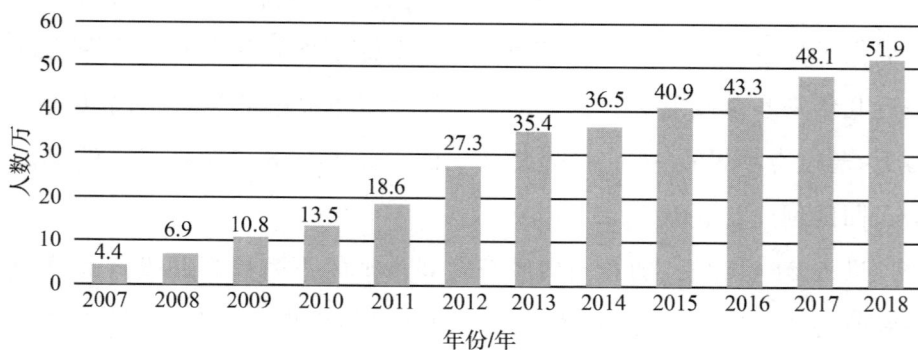

图 1-2　2007—2018 年中国留学生回国人数

数据来源:《国际人才蓝皮书:海外华侨华人专业人士报告》相关年份调查数据。

此外,2020 年全球爆发严重的新冠肺炎疫情,且海外疫情发展更为迅猛,防疫工作在海外多国都未取得有效的成果,华侨华人在海外的生活工作受到严重影响。而中国对疫情的控制从 2020 年 5 月起保持相对较好的局面,新冠肺炎这一特殊卫生事件也催生了一批海外华侨纷纷回国。针对这阶段的华侨华人归国小浪潮,中国政府既为其归国提供更好的生活环境和生存条件,也为其归国创业发展经济提供支持。中国相对更加安全的大环境吸引了海外华侨华人,也证明中国可以为海外华侨华人长期发展提供更加稳定的土壤。

基于上述中国政府对海外华侨华人归国的高度关注、各级政府对引进海外华侨华人专业人才推出的创业优惠政策以及新冠肺炎造成的海外生活环境等因素,我们可以发现,自党的十八大以来,以习近平同志为核心的党中央对侨联工作高度重视,对海外华侨华人保持着无微不至的关怀,从党和国家事业发展的全局战略肯定华侨华人回国创业发展经济在国家战略中的重要性,对侨联改革发展提出一系列新理念新思想新战略,开启了侨联工作的新篇章。2015年国务院侨办推动实施"万侨创新"活动,积极搭建华侨华人创业平台,提供创业优惠政策和资金保障,为华侨华人归国创业就业创造了良好条件。各地"侨梦苑"的建立也在引进高层次人才、国际化资源及全面化产业项目方面发挥了重要作用,海外华侨华人归国创业掀起了新的浪潮。"大众创业、万众创新"作为中国未来经济发展的新引擎,激发了亿万人民群众的智慧和创造力,催生了中国创新创业的新热潮,海外新生代华侨华人更是这股热潮中的"弄潮者"。

（二）新生代华侨华人对双循环经济发展的作用

自改革开放以来,中国更多注重国外贸易市场和资源的开发,在一定程度上忽略了对国内市场需求的开拓,加重了国内外两大经济循环的失衡。"十四五"时期,中国经济社会迎来了新的发展机遇,而2020年全球新冠肺炎疫情蔓延所导致的一系列影响也使中国在发展过程中面临着诸多挑战。为应对新时代下中国的机遇与挑战,习近平总书记明确提出"推动形成以国内大循环为主体、国内国际双循环相互促进的新发展格局",将之前活跃在国外的市场和资源引回中国市场,原来以国际循环主导的发展模式转变为以国内循环为主体、国内国际双循环相互促进的新发展模式。在中国经济的发展过程中,海外华侨华人一直发挥着其天然的优势和能力,为中国现代化发展建设做出了各种贡献。而在中国新时代背景下,作为新生力量的新生代华侨华人,不仅是创新人才和关键技术的重要来源,同时也是国家间政治、经济、文化等多方面交流的枢纽。他们通过以侨搭桥、以侨引侨、以侨引外、以侨促内等方式助力双循环新发展格局。

1.以侨搭桥、以侨引侨

当今世界,受各种因素综合影响,全球面临经济化转型的困境,需重塑全球供应链、产业链和价值链。因此,构建新发展格局并开启新征程,中国需要充分利用一切可利用的资源。显然,海外华侨华人是构建新发展格局的重要力量。我们需要充分运用"侨"的力量,以侨搭桥,与国际接轨,主动融入国际经济循环,学习先进技术,积累并吸收国外优秀成果与经验,助力我国构建双循环新发展格局。一方面,通过海外华侨华人引导更多的海外华商助力中国国际供应链建设,推动全球消费大集成。另一方面,充分发挥海外华侨华人的主观性和地缘优势,为中国与其他国家、地区之间的共商共建、文明交流、经济合作做出贡献。在共享中国广阔市场中不断紧抓机遇,在共同促进世界经济复苏和增长的过程中创新时代发展。

此外,我国通过与其他国家缔结自由贸易协定,能够促进各国之间的长期合作,解决资源匮乏、互补的问题。尤其是东南亚地区"一带一路"沿线国家的海外华侨华人,以其雄厚的经济实力、广泛的人脉资源和丰富的知识资源,可以充分发挥全球性、跨国性、灵活性的华商网络优势,为重塑全球供应链、产业链和价值链发挥自己独特的作用。在某种程度上,这构成了一个以海外华侨华人为桥梁和纽带的命运共同体,既能够为海外华侨华人提供更为广阔的发展平台,又有利于实现中国与其海外住在国之间的长久发展。

2.以侨引外、以侨促内

海外华侨华人作为中华文化的传承者,是不可或缺的文化传播者和实践者,更是以侨引外、以侨促内的重要媒介。习近平总书记在驻闽期间曾多次率团出访,进行招商引资。他曾回忆道,改革开放20年间,福建经济发展之所以突飞猛进,主要还是利用了大量的外资,而这外资当中,海外华侨华人占据了至少1/4的比例。招商引资作为吸引大批海外华侨华人参与国内经济建设的重要途径。通过利用外资与产业结构、引进技术和扩大出口等结合起来,合理引导外资进入中国,投资中国发展与新时代建设①。同时,在政府开展各类招商引资活动过程中,海外新生代华侨华人能够通过自身所拥有的社会资本,不断提高招商引资的成功率、质量和层次,增强引入外资的有效性。通过以侨引外、以侨促内的方式推动双循环新发展格局。

新发展格局需要深化对内经济联系、增加经济纵深,增强畅通国内大循环和联通国内国际双循环。新生代华侨华人在其中发挥出的作用,不仅是中国现代化建设的宝贵资源,更是中国与其所在国经济社会发展的独特渠道。新生代海外华侨华人不仅对所在国的社会法律和风土人情有着与生俱来的熟悉,还能够融通中外经济、政治和文化,是推动政策沟通交流、贸易往来的独特的重要力量。一方面,归国的新生代海外华侨华人作为投资者、创业者来讲,拥有更加开阔的国际视野,对拉动国内需求具有重要推动作用。另一方面,新生代华侨华人在海外居住国拥有广袤的社会资本,通过人脉关系,将外资引进国内进行投资

---

① 吴元.以侨引侨:"大侨务观"在福建的实践与探索[J].八桂侨刊,2020(3):57-63.

或创业,从而能够有效减少开拓海外贸易市场的成本,并且有利于促进对外贸易交流,拉动内外经济相互促进相互增长。此外,新生代华侨华人通常都属于高水平的专业人才,能够引进先进技术,促进国内经济发展,提升中国社会再生产水平。因此,在"双循环"经济发展格局中,新生代华侨华人可以发挥出其天然的优势,为国内市场完善、稳定发展发挥关键性作用,同时为国内企业走向海外、开拓国际市场奠定基础。

综上,国内循环为畅通外循环奠定良好的基础,国际循环为国内循环向更高水平发展提供动力和支撑。"双循环"新发展格局是马克思主义理论与当代中国历史境遇契合的中国方案,是一项具有战略性、长期性和系统性的发展规划,更是中国与世界各国家、地区双赢的伟大蓝图。新生代华侨华人作为此次新发展规划中的重要执行者和直接受益者,需要不断利用自身的各种重要资源和渠道,促进中国与其海外住在国之间的经济发展和文化交融,助力双循环,实现"人类命运共同体"的伟大理念。

(三)新生代华侨华人的侨务资源对其回国创业的作用

在当前"以国内大循环为主体,构建国内国际双循环相互促进的新发展格局"的背景下,我国经济发展迎来了新的挑战。作为一个集政治、经济、智力、信息、网络关系等"侨务资源"于一体的特定人群,新生代华侨华人的回国创业活动已然成为推动我国科技国际化发展与经济全球化发展的重要资源,是实现"双循环"新发展格局的重要因素。"侨务资源"主要是指海外华侨华人的资本、科技、人才、信息、知识、网络关系等综合资源储备[①]。这些综合资源储备通常是经过海外华侨华人几代人的艰苦创业积累而成的,其创业经验、华商精神、创业资源就是新

---

① 赵红英.新时期党对侨务资源的认识及思考[J].中共党史研究,2005(3):45-52.

生代华侨华人群体中尤为独特的"侨务资源",对其回国创业具有重要的促进作用。

1.新生代华侨华人的创业经验

早期出国的华侨华人,大部分为农民、手工业者出身,他们往往迫于生计前往异国他乡谋生,文化程度较低,只能靠出卖自己的劳动力来解决生存问题。世界经济的复苏,各国经济逐渐走向繁荣,为华侨华人提供了创业良机。随后,新生代华侨华人在老华侨的培养下参与企业经营管理,他们通过自身的学识不断改善家族经营模式,引入先进管理方法,扩大经营规模,不仅做大做强父辈的传统产业,而且不断向新领域拓展,使企业向现代化、国际化方向发展。在此过程中,新生代华侨华人不仅积累了许多创业经验,为其回国创业打下了良好的基础,还因为与老一辈之间的交流与学习,吸取了很多经验教训,为其将来自主创业提供很好的借鉴[①]。

2.新生代华侨华人的华商精神

从鸦片战争后到新中国成立之前,中国国无宁日、民不聊生。但华侨华人没有消极地依赖政府,更没有自怨自艾、自暴自弃、甘受命运的摆布,而是勇于自主,走出国门,靠自己的勤劳和智慧,闯出了一条脱贫致富之路。他们在思想上敢为人先,许多别人不敢碰的东西、不敢破的传统观念,他们率先冲破,这使得他们抓住了一个个稍纵即逝的机遇,获得了丰厚的回报;他们在市场争夺上敢闯敢创,哪里有钱赚,哪里就有他们的身影;他们善于合作、共生共赢,在远离家乡、孤立无援的异域他乡凭借自身的团结、守望相助、同舟共济,求得共同生存和发展。也正因他们拥有"勇于自主、敢为人先、敢闯敢创、善于合作"的华商精神,

---

① 郑刚,梅景瑶,郭艳婧,等.创业教育、创业经验和创业企业绩效[J].科学学研究,2018,36(6):1087-1095.

他们在无资金、市场、技术等优势的困难情况下,走出了一条属于海外华侨华人的成功道路。而这种华商精神不仅是新生代华侨华人的思想引领,更是其回国创业的宝贵资源①。

3.新生代华侨华人的创业资源

新生代华侨华人的创业资源对创业成功与否起着至关重要的作用。就人才资源而论,大部分新生代华侨华人都是高素质、高学历的人才,其科技实力不容小觑,科技专业几乎涵盖所有高新技术领域,是掌握着全球先进技术的群体。就网络资源而论,新生代华侨华人拥有广泛的关系网络资源,这种资源是华侨华人以亲缘、地缘、神缘、业缘和物缘这"五缘"为基础发展起来的,能够有效帮助新生代华侨华人回国创业。就管理资源而论,新生代华侨华人已逐渐转变了他们以往的经营管理模式,凭借以高新技术为基础的商品、货币、资本和金融网络,以独特的"中西合璧"的管理模式,以灵活多变的方式应对变幻莫测的市场,为"同族血缘""同乡地缘""同行业缘"的华商经济赋予了全新的意义②。

创业本就是资源的重新整合,新生代华侨华人回国创业,一方面需要丰富的创业经验和强大的思想观念作为其创业的基础,另一方面也需要大量资源帮助其走上创业成功的道路。

二、研究问题、方法、框架和技术路线

(一)研究问题

综合分析海外华侨华人此前回国浪潮的因素以及国内当前的新发

---

① 林勇.中华传统文化与海外华商精神[J].八桂侨史,1997(2):23-27.
② 谢志远,李上献,刘巍伟.侨务资源:大学生创业教育的重要方面[J].教育发展研究,2010,30(2):74-78.

展机遇,本书认为未来新生代海外华侨华人将会掀起新一轮的回国创业浪潮。新生代华侨华人是多个国家经济、政治、文化交流等方面的关键枢纽,也是创新人才和关键技术的重要来源。本书认为借助新生代华侨华人海外网络关系(商业网络和社会网络)资源,更好地引进先进的技术、人才和资源,可以促进国内外的经济技术交流与合作,增强中国产品的市场竞争力和海内外市场的联结度,也能够为华侨华人回国创业提供良好的发展基础。当然,海外网络资源与中国市场客观存在的文化差异和新生代华侨华人回国创业的动机差异,会对双重网络的作用发挥产生不同的影响。因此,本研究以社会资本理论为理论基础,探究新生代华侨华人海外商业网络关系以及海外社会网络关系对其回国创业绩效的影响作用,并进一步探讨"文化差异"以及"创业动机"在网络关系与创业绩效的影响路径中可能产生的边界作用。具体包括以下几个方面的内容:

(1)分析新生代华侨华人的海外商业网络和社会网络关系的本质差异,探究其对回国创业绩效的影响作用差异。

(2)引入创业动机这一因素,探究基于不同的创业动机(生存型动机和发展型动机),新生代华侨华人海外商业和社会网络关系对其回国创业的影响作用差异。

(3)引入文化差异这一外部环境因素,探究基于海内外的不同文化差异,新生代华侨华人海外商业和社会网络关系对创业绩效的影响作用差异。

(二)研究方法

本研究将通过理论回顾、新生代华侨华人创业案例研究,新生代华侨华人及专家访谈、问卷调查和数据统计分析等方法进行上述问题的

理论和实证研究,具体如下:

理论回顾:文献研究是对文献的研究形成事实的、科学的认识方法,针对本研究主体,搜集新生代华侨华人回国创业的基本情况,并查找国内外文献引用网络关系的相关理论知识,从搜集文献到整理文献,对文献重新进行归类构思,再将国内外前人已有的理论总结引用到本研究中,形成科学合理的结论,在已有文献的基础上加以创新。

问卷调查法:为了研究新生代华侨华人网络关系和创业绩效的相关性,本研究选取了回国创业的新生代华侨华人创业者作为调研对象。根据成熟变量,设计合理的调查问卷,针对相关的调研对象进行发放,搜集整理问卷和相关数据,以便本研究使用。

实证分析法:为了真实客观地了解新生代华侨华人的海外网络关系对其回国创业绩效的影响程度,本研究采用层次回归分析方法,将新生代华侨华人海外商业网络关系、海外社会网络关系、文化差异、创业动机以及创业绩效作为研究变量,构建理论模型并提出假设,并通过实证分析方法验证相关假设,应用分析软件 SPSS、AMOS 对数据进行描述性统计分析、信度检验、效度检验、相关分析、主效应分析和调节效应分析等统计分析工作,以验证理论研究模型和相关假设是否成立。通过多种研究方法和双重数据来源保证研究模型和结论的客观性和科学性。

案例分析法:在实证研究的基础上,本研究将通过对回国创业的海外华侨华人创业者的调研访谈,对其回国创业行为进行深入的观察和研究,分析其中与本研究相关的理论知识,检验本研究的研究模型在现实案例中的有效性。

（三）研究框架和技术路线图

本书研究对象涵盖回国创业的新生代海外华侨华人，主要探究其拥有的海外商业网络和社会网络关系对其回国创业绩效的影响，以及文化差异（外部因素）和创业动机（个人因素）在网络关系到创业绩效影响路径中所产生的边界作用，借助案例研究和实证研究对本书提出的理论模型进行双重检验。

本书研究的主要内容如下：

研究的第一部分是从"双创"和"双循环经济"的政策背景出发，重点阐述海外华侨华人的归国创业的浪潮和新生代华侨华人的海外网络关系的作用。同时，通过文献回顾，详细界定新生代海外华侨华人的概念、特征以及其群体未来发展的趋势。此外还进一步探讨了新生代华侨华人回国创业的动因。

第二部分主要是通过梳理国内外学者的理论基础，对新生代海外华侨华人的海外商业网络关系、海外社会网络关系、创业绩效等相关变量进行进一步的综述研究，最终构建本研究的理论模型并提出相关的研究假设。根据模型与假设，设计本研究的实证研究方案，以新生代海外华侨华人回国创业人群为本研究的样本，通过实地访谈调研和问卷调查相结合的方式，进行研究数据的搜集。综合应用 SPSS 软件和 A-MOS 软件对所收集的数据进行相关的统计分析和假设检验，最终得出实证研究结论。

第三部分是选取特定的回国创业新生代华侨华人进行深度访谈和实地观察，通过案例描述和案例分析的方法对本研究的实证结果进行再次检验，最终得出更具有实践意义的研究结果与管理启示。

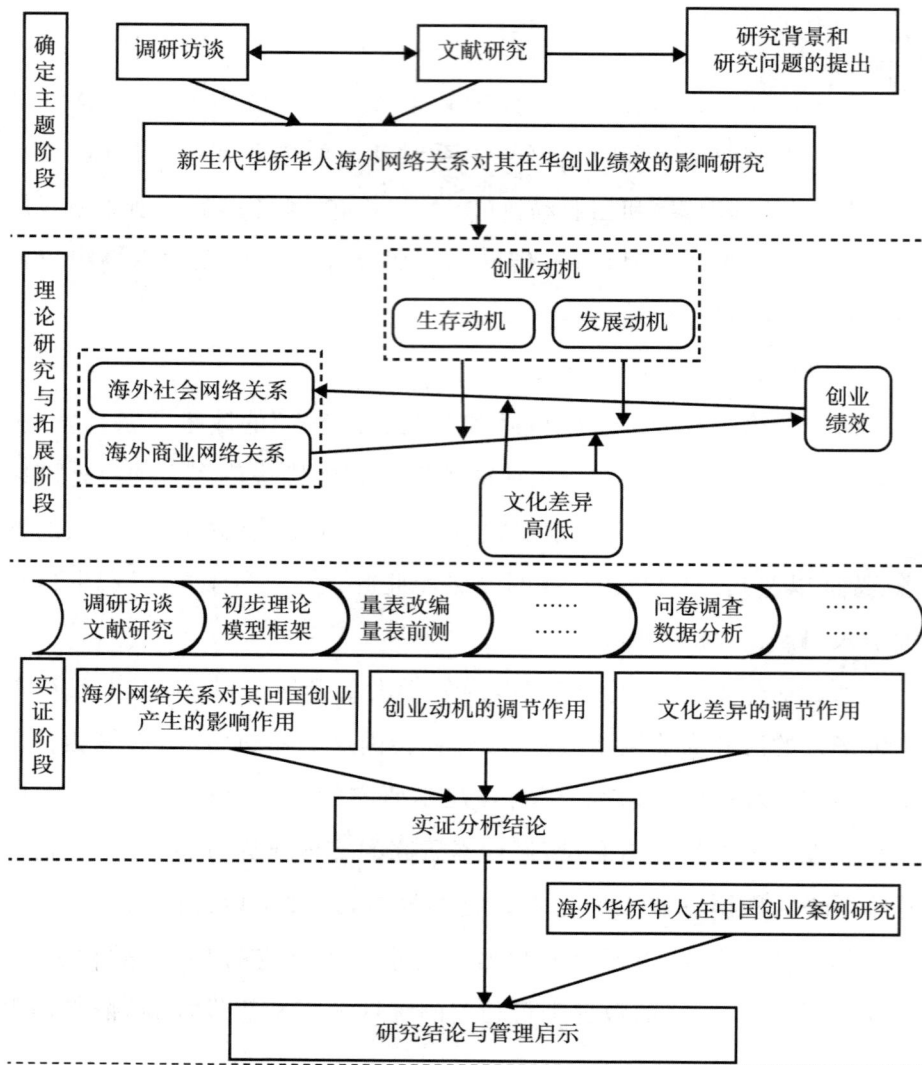

图 1-3　技术路线图

资料来源:本研究整理。

三、研究意义及创新点

（一）研究的意义

1.理论意义

从理论上，本书不仅将运用创新创业、华侨华人、社会网络等多方面的理论知识对新生代海外华侨华人回国创业绩效进行一次综合的研究，探究海外华侨华人在海外的网络关系（商业、社会）对其回国创业的综合影响，还将基于创业动机与文化差异视角，探究新生代华侨华人海外网络关系对其回国创业绩效的影响作用边界。这是华侨华人回国创业以及社会网络领域的一项具有一定前瞻性的综合研究。

2.实践意义

从实践上，在"以国内大循环为主体、国内国际双循环相互促进"的新发展格局下，探讨如何利用互补效应促进网络关系资源的优化，优化海外华侨华人回国创业进程，进一步提升创业绩效，对推动中国经济高质量发展具有重要意义。基于创业动机和文化差异，探究新生代华侨华人海外网络关系对回国创业绩效的作用机制，将引导他们将自身所拥有的海外网络关系资源与中国市场相匹配，不断适应和开拓中国市场，帮助其成功地"走回来"并实现可持续创业。

（二）研究的创新点

（1）本研究基于双维度网络关系和回归式创业的研究视角和逻辑，既独特新颖又系统综合。根据商业生态系统理论，各个创业主体都会主动与环境及其他主体进行交互，不断学习、发展和改变自身的结构和行为方式。本研究重点探讨的是新生代华侨华人在海外环境长期交互形成的商业和社会双维度网络关系对其回国创业的影响,这不仅是一个独特新颖的视角,更是一个系统综合的研究逻辑。

(2)基于理论与实践相结合的应用型研究成果。创业绩效的实现是企业持续发展的前提条件,创业动机和文化差异更是从微观和宏观的分析角度帮助新生代华侨华人提升回国创业的成功概率。本书的研究不仅是对现有研究的进一步延伸和扩展,也为新生代华侨华人的海外双重网络关系优化和其创业进程的实践提供新的战略思路和可操作化流程。

(3)基于定性和定量研究相结合的严谨的研究方法。本书拟通过新生代海外华侨华人回国创业案例研究和调查数据统计分析等方法开展研究,通过对新生代海外华侨华人企业家的现场访谈和线上线下问卷调查相结合的方法,获取实证研究所需数据。并应用分析软件SPSS、AMOS对数据进行描述性统计分析、信度检验、效度检验、相关分析、主效应分析和调节效应分析等统计分析工作,以验证理论研究模型和相关假设是否成立。通过多种研究方法和双重数据来源保证研究模型和结论的客观性和科学性。

第二章 新生代华侨华人的
理论界定

一、新生代华侨华人的界定

关于海外华侨华人的研究，史上很早就有记载。从明初郑和下西洋的出海潮，到明代后期有大量关于华侨华人的记载；从鸦片战争以前东南地区关于华侨华人的地方志，到鸦片战争后《海录》《海岛逸志》等的出版；从第二次鸦片战争以后大量华工出国的中外交涉问题，到晚清大量的海外华侨信息和涉侨事务处理过程和对策建设等书籍的撰写；从民国时期，孙中山先生提出"华侨乃革命之母"引发国人对华侨华人的广泛关注，到1927年暨南大学创建南洋文化教育事业部。这一系列关于道路的探索逐渐深化了华侨华人对于中国发展的作用。新中国成立以后，20世纪50年代，东南亚华侨问题成为中国与东南亚建交的主要障碍之一。厦门大学、中山大学等一批资深教授也开展了就华侨问题的各种学术研究，翻译了大量的国外优秀作品。"文革"期间，国内各种华侨华人研究工作基本停顿。1973年厦门大学南洋研究所率先复刊、复办。到如今，华侨华人问题研究仍然得到各行各业的关注。华侨华人工作对于中国与他国的建交问题、中国向世界传达中国方案和思

19

想起到了桥梁作用和促进作用。以上种种,无一不体现了华侨华人研究对于民族发展、国家发展、世界发展的重要性。

斗转星移,老一辈华侨华人逐渐退出历史的舞台,新生代华侨华人以全新的姿态和面貌站上了国际舞台。黄万华(2003)①首次提出"新生代华侨华人作家"的概念,并在书中区分了新移民的华侨华人作家与新生代的华侨华人作家之间的概念差异。在20世纪80年代以后,我国掀起了新的"移民潮",海外华族移民流向发生了巨大变化,新移民的华人华侨没有像初期移民的华侨华人那样经历从"叶落归根"到"落地生根"的心路历程,这也是老移民和新移民的根本差异。黄万华特别指出,新生代华侨华人作家出生于海外住在国,拥有他国国籍身份,他们中的一部分人又有着在中国的台湾和香港地区的学习经历,出入于汉语主流社会与非主流社会以及其他语言环境,并在其中享受"放逐";而新移民则是"第一代移民",他们拥有原住地的国籍身份,移民后面对新的文化和语言环境,原住地与现住地的双重文化背景使其成为一种自觉的"放逐"。这两种形式的放逐,使得华侨华人的创作内容更加丰富多彩。2006年中共天津市委统战部课题组②明确指出"新生代华侨华人"的具体概念:所谓新生代华侨华人,是相对于长期定居海外的老一代华侨华人而言的,主要包括海外华侨华人第二、三代,20世纪70年代后期以来通过各种方式出国并已经获得旅居国长期居住身份或加入定居国国籍的人员,以及出国留学人员。茅根红(2006)③在研究中沿用了上述概念,认为新生代

---

① 黄万华."在旅行中""拒绝旅行":华人新生代作家和新华侨华人作家的初步比较[J]. 中国比较文学,2003(3):89-104.

② 中共天津市委统战部课题组. 关于做好新生代华侨华人工作的调查和思考[J]. 天津市社会主义学院学报,2006(1):8-11.

③ 茅根红. 海外华侨华人世界的新变化及其对中国未来发展的影响[D]. 广州:暨南大学,2006.

华侨华人是指在所在国移民的第二、三代后裔。谢振安和王新林
(2011)[①]对于新生代华侨华人的概念依然是最初的界定,但是对于时间
的分界又有所不同,强调新生代华侨华人主要是指在国外出生的第二、
第三代华侨和21世纪移民到国外去的新华侨华人以及出国留学人员。
对于时间的分界更新一些,他们强调的是21世纪。也有学者给出的界
定是新生代华侨华人是生活在"中华圈"(包括中国的台湾、香港、澳门
等地区)以外的青年一代华人。这种界定更偏向于对于年龄上的分类,
也更加广泛,统一了黄万华最开始界定的新移民和新生代。康志荣和
王桂红(2015)[②]研究认为,华侨华人新生代主要指新中国成立后移民国
外的华侨华人培养的第二代、第三代。这个界定相较之前学者给出的
概念,不管是在人员范围上还是在时间的分界上都有所不同。它撇去
了在后期自主出国留学的华侨华人,但是将时间界定为新中国成立后,
在时间上比之前的概念更早。2016年,吴勇等(2016)[③]在研究中指出:
新生代华侨华人是20世纪五六十年代以后出生在国外的华侨华人后
代,或者20世纪70年代后期以来,通过各种方式出国并已获得旅居国
长期居住身份或加入定居国国籍的人员、出国留学人员。这一概念的
界定综合了早期对于新生代华侨华人的概念,对于时间范围、人员范围
有了更加精确的讲述与划分。时至今日,刘燕南和王亚宁(2022)[④]从代
际、时间以及互联网三个维度对新生代华侨华人进行了划分:(1)代际

①　谢振安,王新林.新生代华侨华人培养途径研究[J].安徽理工大学学报(社会科学版),2011,13(4):90-93.

②　康志荣,王桂红.海外华侨华人新生代民族文化的传承与培养:以新加坡为例[J].泉州师范学院学报,2015,33(4):95-98.

③　吴勇,黄艺俊,祝宝满,等.关于泉州新生代华侨华人推进"一带一路"建设的调研和思考[J].长江丛刊,2016(18):76-77.

④　刘燕南,王亚宁.华裔新生代受众的三维建构:媒介时空、代际关系、身份认同:基于华语电视国际传播的思考[J].现代传播(中国传媒大学学报),2022,44(4):57-64.

维度,指的是华裔二代(及以上);(2)时间维度,强调年轻一代;(3)互联网维度,亦有将伴随互联网诞生而出生成长的一代称为"Z世代"。确切地说,他们的研究强调的是华裔网络新生代,即互联网时代在国外出生和(或)成长并入籍、有中国血统的华人二代(及以上)人群。学术界关于"新生代华侨华人"的相关概念界定详细汇总如表2-1所示。

表2-1　有关新生代华侨华人概念界定的表述

作者(年份)	新生代华侨华人概念界定
黄万华(2003)	在20世纪80年代以后,中国掀起了新的"移民潮",海外华族移民流向发生了巨大变化,新移民的华人华侨没有像初期移民的华侨华人那样经历从"叶落归根"到"落地生根"的心路历程,这也是老移民和新移民的根本区别。
中共天津市委统战部课题组(2006)	相对于长期定居海外的老一代华侨华人而言的。主要包括:海外华侨华人第二、三代,20世纪70年代后期以来通过各种方式出国并已经获得旅居国长期居住身份或加入定居国国籍的人员,以及出国留学人员。
茅根红(2006)	新生代华侨华人是指在所在国移民的第二、三代后裔。
谢振安和王新林(2011)	在国外出生的第二、第三代华侨和21世纪移民到国外去的新华侨华人,以及出国留学人员。
康志荣和王桂红(2015)	新中国成立后移民国外的华侨华人培养的第二代、第三代。
吴勇等(2016)	20世纪五六十年代以后出生在国外的华侨华人后代,或者20世纪70年代后期以来,通过各种方式出国并已获得旅居国长期居住身份或加入定居国国籍的人员、出国留学人员。
刘燕南和王亚宁(2022)	(1)代际维度,指的是华裔二代(及以上);(2)时间维度,强调年轻一代;(3)互联网维度,亦有将伴随其诞生而出生成长的一代称为"Z世代"。

资料来源:本研究整理。

　　从上述学者探究来说,关于新生代华侨华人的概念,有以下两个争议的焦点。第一,人群范围:新生代华侨华人是否只包括华裔的后代子女?"新生代"不仅仅意味着"新生"代,相比"新生",它更加强调"新"的重要性。第二,时间界限:该用什么时间作为界定新生代华侨华人的基准呢? 研究发现,20世纪70年代后期,尤其是80年代后兴起一波移民潮、出国留学潮以及经商务工潮,故20世纪70年代末期是可以将新移民的华侨华人与老一辈移民的华侨华人区分开来的。根据本书的研究目的,本研究主要借鉴2006年中共天津市委统战部课题组的理论界定,将新生代华侨华人界定为包括海外华侨华人的子孙后代、20世纪70年代后期以来通过各种方式出国并已经获得旅居国长期居住身份或加入定居国国籍的人员,以及改革开放以后的出国留学人员。这些新生代华侨华人具有一系列共同的特征。

二、新生代华侨华人的共同特征

(一)专业能力强,学历层次高

老一辈华侨华人的家境都较贫苦,选择出国更多是为了贴补家用。如今经济发展越来越迅速,新生代华侨华人出国更多是为了求学,学习更加先进的专业知识和科学技术。他们大部分都接受过良好的文化教育,并且在学术上和技术上有一定的造诣。作为华侨华人子女,他们从小就生活在物质条件优越、技术先进的发达国家。作为20世纪70年代后期移民到国外的新生代华侨华人,大部分是在我国接受了高等教育之后,为了学习更加前沿的知识而出国接受教育。不管是华裔子女还是新移民,都拥有中国与住在国的双重文化背景,这两种甚至更多种文化的碰撞,使他们的知识背景更加丰富多元,掌握的知识结构也更加具有系统性与前沿性。对于新生代华侨华人的新移民来说,他们了解国内外的经济发展状况,并且在国内外拥有广泛的人际关系。人脉关系广、受教育程度高、融合多重文化等多方面的优势,使得他们拥有了更加广泛的国际视野,能够及时地掌握全球经济状态,这也让他们能够及时根据全球动态更新自身的知识结构。同时,调查显示[①],截至2019年,在美国的华侨华人约为550万人,超过一半的华人拥有大学学历,在美国八大常春藤高校的华人教授超过320人。移民美国的华人中,有27%拥有硕士学位,这一比例是其他国家移民以及美国本土的两倍以上。不仅仅在美国,这种现象在其他国家也普遍存在。直到今日,华侨华人拥有高学历的人数仍然在不断增大,这也与我国"教育是立国之本、强国之基"的理念相契合。

(二)创新意识强,职业选择广

一方面,由于新生代华侨华人受教育层次高、接受的文化丰富多元,在中国文化与住在国文化的双重碰撞中,新生代华侨华人拥有着更加开阔的视野和更加多元化的思想方式,所以新生代华侨华人相对于老一辈华侨华人来说,拥有更加多样的想法,创新意识也更强。另一方面,在互联网的发展中,创新意识被越来越多的人和国家所重视,比起固有的思维方式,如今的社会需要更具创新思维的人去催生更多的新兴行业和新兴技术,而新生代华侨华人的国际视野、知识层次、开放思想等优势使他们必然会成为开拓创新的领军人与示范者。创新意识的增强,文化水平的提高,经济水平的迅速发展,使得新生代华侨华人的职业选择也发生了巨大的变化。新生代华侨华人在提升教育水平的同时,也渐渐涉足更多的职业,以便更好地融入住在国的生活与发展,其中包括互联网行业、教育行业、金融行业,以及服务业等高新技术行业,

---

① 亚洲教育论坛.550万华人在美人才现状[EB/OL].(2020-05-10)[2022-9-28].https://baijiahao.baidu.com/s? id=1666269136648524409&wfr=spider&for=p.

突破了老华侨的基础职业选择。例如老一辈华侨华人主要从事剪刀（成衣业）、厨刀（餐饮业）、剃刀（理发业）这"三把刀"的职业，而新生代华侨华人逐渐进入高新技术行业，职业选择趋向多元化、丰富化、创新化，并且有相当一部分华侨华人在所处行业中已经取得了不菲的成绩，甚至成为行业中的佼佼者。2020年的世界侨情蓝皮书《世界侨情报告（2020）》指出，截至2019年，华裔家庭年收入水平的中位数约为72000美元，略低于亚裔家庭收入中位数；在职业选择方面，华裔从事教育服务、健保和社会援助的占比较高。虽然在一些国家，华侨华人仍然不能进入一些核心技术行业，但是总的来说，大部分华侨华人受到的种族歧视相对减少了，职业选择也更加多元与自由了。

（三）社团参与度高，社会影响力大

华侨华人社团、华文教育、华文报刊被称为华人社会的三大支柱，其中的华侨华人社团更是凝聚华侨华人的核心和基石[①]。华侨华人社团的成立也是为了帮助海外的华侨华人获得更好的生存和发展机会。随着改革开放的不断深化，以及华侨华人群体的不断扩大，华侨华人社团在国际上发挥着越发重要的作用，也展现出了新的姿态。近年来，新生代华侨华人在社团参与的积极性方面发生了巨大的变化。一方面，华人社团从以往的仅仅以血缘宗亲为纽带建立开始不断发展，渐渐出现了多元化特征。随着新生代华侨华人的加入，出现了在组织形态上以地缘为基础的同乡会，还有以业缘为基础的工商团体[②]，这些都是华侨华人社团的不断演变，其建设目的也与时俱进，展现出功能性、规范

---

① 冯颖红.海外新华侨华人社团统战工作研究//[M].港澳海外统战工作新探索.广州：广东人民出版社，2008：300-312.

② 衣长军.海外新华侨华人社团与国家"软实力"建设研究[J].华侨大学学报（哲学社会科学版），2016（5）：141-148.

性和国际性。另一方面,在经济发展的过程中,华侨华人社团成员也呈现年轻化、创新化。社团不仅帮助华侨华人解决各方问题,还为面临着"社会边缘人"尴尬地位的新生代华侨华人明确了身份地位,让他们远在异国他乡仍能体会到家的感觉。因此,新生代华侨华人参与华人社团的积极性也在不断提高,他们意识到,如果不积极参加华人社团,可能无法融入住在国的主流社会,并且无法及时获得国内外的一些信息资源。为了更好地融入住在国,新生代华侨华人不得不提高华侨华人社团参与度,老一辈的华侨华人也会更鼓励新生代华侨华人积极参与华社,以便更好地维护"根"的情感,并在异国他乡获得更好的生存待遇。华侨华人社团参与度的提高、知识层次高、职业背景强这三个优势,也让新生代华侨华人拥有比老一辈华侨华人更大的社会影响力。他们活跃在政治、文化、经济领域,甚至被很多国家视为"模范族裔",社会影响力也日渐扩大[1]。

(四)文化背景多元,语言技能强势

社会认同的差异是造成社会问题和社会冲突的主要原因,而华侨华人的多重文化背景让他们处在了明显的差异语境之中,华侨华人的文化认同问题必将是在培养和引导华侨华人向着更好的方向发展的重要组成部分[2]。从全球化视角来说,华侨华人具有多重文化认同,其中包括语言认同、生活方式认同、价值观认同、国家和社会政策认同以及生物族群认同等等方面,其中最具有中华文化代表性的就是语言文化。语言在华侨华人家庭的使用状况可以用来判断华侨华人的本土化程

---

① 马逸丽.更好发掘华侨华人新生代作用[J].潮商,2008(3):62-63.
② 韩震.全球化时代的华侨华人文化认同问题研究[J].华侨大学学报(哲学社会科学版),2007(3):85-90.

度。经过调查研究发现,海外华侨华人的子孙后代虽然由于从小的生存环境导致对华语的运用程度并不像老一辈华侨华人那么广泛和熟练,但是他们生活在多元文化背景下,不仅受到华人社团的影响,还受到华文教育以及家族传承等因素的影响,因此,他们仍会受到中华民族传统文化的影响。新生代华侨华人在住在国与祖籍国文化的双重影响下,大多数可能掌握着两种语言技能,并且在后续的学习生活中可能会学习更多的语言技能,以帮助他们游历各个国家进行交流。近年来,在中国对华文教育的重视,以及华人社团的双重影响下,新生代华侨华人掌握汉语的比重越来越大。李秋萍(2020)①调查发现,缅北多数华人华侨兼用傣语和缅语,构成多语和谐且汉语稳定的言语社区。多数新生代华侨华人与老一辈华侨华人交流还是使用汉语。新生代华侨华人的生存条件已经比父辈有所改善,他们有机会接受学校教育,也有机会接触更多的人,因此他们掌握着更多的语言技能。

总而言之,新生代华侨华人是更新的一代,更年轻有朝气的一代,他们拥有更好的物质基础、更高的知识层次以及更重要的社会地位,在国际交流中也发挥着更为重要的作用。这些特征不仅帮助新生代华侨华人更好地融入了海外生活,同样也为他们后续回国创业奠定了坚实的基础。

三、新生代华侨华人的发展趋势

(一)学历层次逐步提高, 人才回流不断增多

根据国际人才蓝反书《海外华侨华人专业人士报告(2014)》的调查

---

① 李秋萍.缅北华人华侨语言使用现状调查:以掸邦南坎为例[J].普洱学院学报,2020,36(4):76-81.

数据与 2020 年 1 月的数据,21 世纪开始,中国开始成为世界最主要的人才回流与环流的接受国。随着经济的发展,出国留学的人数和新移民的人数在不断地增加,截至 2019 年,包括新移民在内的华侨华人在世界各国的人数总量依然有所增长。在美国的外来移民中,中国是位居前三位的来源国,华侨华人数量高达 550 万人。华裔是亚裔在美国总人口中占比居第一位的群体,并且在收入方面,华裔家庭收入中位数约为 72800 美元,稍低于亚裔家庭收入中位数。在从业领域方面也更加广泛,在分布地区上也是更倾向于发达国家,这些变化让他们接受高质量教育成为可能,从而使得华侨华人高层次人才不断增加。陈瑞娟(2021)[①]的一项研究数据统计显示,2017 年,我国出国留学人数突破 60 万,同比增长 11.74%,持续保持世界最大留学人员生源国地位。从党的十八大以来,截至 2018 年,已经有近 300 万名留学生回国,占据改革开放以后回国总人数的近八成。中国华侨华人遍布世界各国,总人数已超 6000 万人,当中有近 400 万人是专业人才(包括华裔科技创新人才、企业家、优秀青年人才、侨领等高端人才群体),所涉及的行业包含科教、金融、管理、贸易等,对于我国乃至世界各国来说,都是巨大的人才中心[②]。2014 年的蓝皮书报告还指出,从 2000 年到 2008 年期间,华侨华人回流的人数从 15000 人增加到近 30 万人,并且主要都是工作和留学归国技术人才。近年来,我国出国留学学习先进管理理念和先进科学技术的人数以及归国创业发展的人数都显著增加,并且在近年来有着更快的发展趋势。这表明我国华侨华人发生着从"走出去"向"走回来"的变化。新生代华侨华人在不同的行业中发光发热,已经不再是

---

① 陈瑞娟.粤港澳大湾区引进海外华侨华人高层次人才的思考[J].探求,2021(3):67-75,92.

② 李明欢.国际移民政策研究[M].厦门:厦门大学出版社,2011.

老一辈海外华侨华人从事的基础的服务与制造业,并且一部分新生代华侨华人成为行业中的核心人员。这一部分新生代海外华侨华人在各种引进政策中回到祖国创业发展,为我国的建设与发展做出了重大贡献,使我国在多个科研领域跻身世界前列,并在各个行业中取得了重大突破。

(二)回流方式丰富多样,回流动机复杂多元

海外华侨华人本就分布于世界各地,并且基数巨大,发展至今,其数量甚至超过了许多国家的总人数,但是他们在不同国家的分布依然有所不同。一直以来,华侨华人移民较多集中在印度尼西亚、新加坡等一些亚洲和东南亚国家,但是随着时间的推移,特别是随着中国的一些政策的支持("走出去"以及"一带一路"的建设),大规模的华侨华人逐渐迁徙到全球各地,并且由高度集中的亚洲地区向北美发达国家转移分散,世界其他各洲的华侨华人人数迅速增长[1]。据统计,截至 2016 年底,我国留学回国总人数已经高达 265 万人,是最大的留学生生源国和最大的海归国[2],所以回流也逐渐呈现多元化趋势。

一方面,新生代华侨华人的回流方式呈现多元化。目前海外华侨华人高层次人才回流中国,已经渐渐从政府与政府之间协议、政府政策计划引进为主逐渐转变为需求单位与国(境)外机构建立合作关系直接引进为主,从政府单一渠道引进为主逐步转变为政府与中介、国营与民营、计划与市场、机构与猎头、交流与合作全方位引进人才,引进渠道呈现多元化趋势。2006 年,国家外国专家局新闻发言人刘永志曾在中国

---

① 陈姗姗,张向前.新时代华侨华人与中国服务业高质量发展动力研究[J].东南亚纵横,2020(3):86-93.

② 傅森.成为世界一流人才科技创业海归才有机会[EB/OL].(2017-08-16)[2022-10-08]https://www.chinanews.com.cn/business/2017/08-16/8306262.shtml.

国际人才交流大会时表示,中国欢迎猎头公司更多地参与国外人才引进。近年来,中国引进海外高层次人才已经不再完全由国家政府主导,市场的私有企业、民营企业以及中外合资企业的作用逐渐增强,渐渐替代了政府政策的作用。

另一方面,回流动机也变得多元化。有一部分人是由于从小在异国他乡生活,但又对老一辈华侨华人口中的中国文化有着强烈的向往;还有一部分人是处在异国他乡感到"边缘"的不适感,想要改变艰难的处境;还有为了子女教育环境等等复杂因素。但是如今更多的华侨华人是看到了中国经济高速发展带来的创业和工作机会等。老一辈的华侨华人为了谋取更好的生活,选择移居国外生活,但是中国经济的持续发展让越来越多的海外华侨华人看到了施展才华的机会和平台,让许多新生代华侨华人意识到中国现在拥有着巨大的潜在商业机会。国际人才蓝皮书调查显示,在美国,硅谷华人精英中有43%的人表示愿意回国工作,他们认为回国工作会比在美国就业有更好的发展前景,更愿意选择在中国发展。政府可以根据不同的回流动机制定不同的政策支持。例如,老一辈华侨华人更多出于情感支持,然而新生代华侨华人可能更多从经济价值和自身社会价值出发。

（三）职业结构发生变化,总体倾向高新科技

不仅仅是中国需要技术型人才,从全球来看,科技的发展对于国家经济的发展也是至关重要的。表2-2数据显示[①],到2008年为止,华侨华人的分布重心已经在向发达国家转移,并且职业的选择也更趋向专业化、科技化。

---

① 庄国土.世界华侨华人数量和分布的历史变化[J].世界历史,2011(5):4-14,157.

表 2-2　2007—2008 年中国新移民数量估计、分布和职业构成

地区	人数/万人	主要职业
美国	190	留学人员和专业人士,非熟练工人
加拿大	85	留学人员和专业人士,非熟练工人
欧洲	170	商贩、工人
大洋洲	60	留学人员和专业人士,工人、商人
日本	60	留学人员和专业人士,工人
非洲	45	商贩、技术人员、劳务人员
拉丁美洲	75	商贩
俄罗斯	20	商贩
东南亚	253	商贩、技术人员、企业家、工人、劳务人员、留学生

资料来源:根据各地区出入境资料、人口统计与华社信息、中外文相关报道综合整理。

表 2-3 的数据仅仅为 2013 年左右的数据统计,可以发现华侨华人的职业选择已经趋向于从商或是在学业上的深造以及进入高新技术行业发展。根据不同国家的情况,华侨华人的职业选择也各有不同,比如在旅游业发达的新加坡,华裔在吃喝玩乐的行业发光发热;而在其他东南亚国家,华裔积极参政;在美国和英国留学的学生,则更倾向于往高科技行业发展。

表 2-3　2013 年世界主要国家华侨华人分布和发展情况表

国别	人数/万人	从业内容	发展(参与、布局)特点
美国	401	服务业、管理、商务和金融	来自中国的留学生成为华人移民的主力,从事高科技和白领工作的华人移民比例明显高于美国总体的移民水平
新加坡	353.5	服务业、金融服务业、旅游业	旅游业是新加坡多元化经济的重要支柱之一,也是华人经济的重要组成部分;吃、住、行、游、娱各业绝大部分由华人经营

续表

国别	人数/万人	从业内容	发展（参与、布局）特点
法国	80～100	服务业、餐饮、皮革和服装业	法国华人经济总体规模和发展模式居欧洲华人社会前列，一批华人二代已经顺利接班，正不断提升法国华商的经营水平
英国	41～43	服务业、餐饮、财会、金融	大多数华人仍处于社会中下层，为求职而烦恼、奔波，面临高失业率、身份和签证问题、语言水平等求职障碍。
日本	60	服务业、餐饮业、贸易、软件开发、教育	新生代华侨华人绝大多数在公司就职或集中于教学与科研领域，也有人依靠顽强拼搏和聪明才智独立创办公同
南非	30	服务业、餐饮业、商贸、电子、建筑、渔业	老华侨多以传统方式经营杂货店或开设中餐馆；新移民在南非主要以经商为主，来自中国台湾、中国香港的新移民主要是投资和技术移民

资料来源：陈姗姗，张向前.新时代华侨华人与中国服务业高质量发展动力研究[J].东南亚纵横，2020(3)：86-93.

2017年的调查数据显示，海归比较偏好创新技术和现代服务业领域。海归所从事的行业中位列前三名的依次是互联网行业、服务行业和文体教育行业。近年来随着我国第三产业的迅速发展，海归也因势而动，更倾向到创新领域发展[①]。在国家政策的扶持与全球经济发展阻碍等多重因素的影响下，新生华侨华人回国创业的意愿也在不断增强。研究发现，新生代华侨华人拥有先进的管理理念与科学技术，所以部分回国创业的华侨华人选择的是高新技术行业，该相关领域前期需要投入大量的资金运营，但是目前国内的融资平台并不完善，监管力度也不够，一不小心就掉进融资陷阱，对回国创业的华侨华人造成了一定的打击。技术创业最重要的是技术创新，技术创新需要国家重视知识产权

---

① 海归创业呈现新特点[EB/OL].(2017-12-31)[2022-10-05].http://www.gov.cn/guowuyuan/2017-12-31/content_5251886.htm.

的重要性,保护发明人员的专属利益。虽然我国政府一直鼓励进行知识创新、技术创新,但是国人在知识产权方面的保护意识亟待完善,这也是新生代华侨华人回国创业关注的焦点。在 2017 年 8 月 16 日的第 12 届中国留学人员创新创业论坛中,傅森讲道:"成为一流人才,科技创业海归才有机会。"并指出:"最初我们认为在中华文化的基因里面缺少创新基因,但其实在文化基因上我们并没有缺陷,而是缺少创新动力,导致我们一直在追赶和学习别人的技术。但如今我们在一些行业里已经成为领军者,我们只能自己创新,否则将无法超越别国。"[1]老一辈的华侨华人可能只需要学习 80 分的技术,回国发展就可以进行技术领先的科技创业,如今这远远不能满足市场的需求,新生代华侨华人需要真正掌握全球范围内的真正前沿技术,才能在国内市场有强劲的竞争力。

(四)中西文化包容度高,"根亲文化"面临挑战

对文化的认同其实就象征着对国家的认同与支持,新生代华侨华人已经由老一辈华侨华人的"落叶归根"转变为"落地生根"。比起桑梓情结,新生代华侨华人更加重名讲利[2]。新生代华侨华人在国外更加开放的生活环境中,更能接受丰富多元的开放文化,对于中西文化的包容度更高。同时,由于出国移民的动机与方式的多样化,他们不仅仅拘泥于血缘关系的亲情,也注重交往更宽广的社交圈子,重商的现实使得他们从以往的桑梓情感慢慢过渡到如今的"互惠共生,拓宽人脉"的重名讲利的情感。

这种情感上的变化,让他们"根"的意识在渐渐弱化,总体上呈现出一种双重文化认同、多元文化认同以及代际减弱趋势。

---

[1]　傅森.成为世界一流人才科技创业海归才有机会[EB/OL].(2017-08-16)[2022-10-C5].https://www.chinanews.com.cn/business/2017/08-16/8306262.shtml.
[2]　张颖.海外华侨华人与中国宗教信仰文化研究[J].广东省社会主义学院学报,2022(2):58-63.

一方面,华侨华人在中国与世界的联系中起到桥梁与沟通作用。如今,新生代的华侨华人对于中西文化包容度高,不仅积极地融入当地的政治文化,也积极地参与华文教育,对于中国传统文化有一定的了解。但是长期的国外生活,还是让原本根植于华侨华人心中的中华民族文化根基产生了动摇。一部分华侨华人认为住在国才是哺育他们成长的土地,他们会选择率先回报住在国,虽然他们并不会忘记中国"根"的情感与联系,但是在他们心中,中国是摆在第二位的[①]。

另一方面,华侨华人身上流淌着的中华血液让他们无法真正跻身住在国的主流社会,甚至与住在国的人们之间有一层"隐形"的隔阂。这两方面的原因让新生代华侨华人的"根亲文化"渐渐弱化,也让他们回国的可能性在一定程度上减小了。总的来说,新时期侨情发生新变化,以廉价劳动力获取生存的老一辈华侨华人在海外遇到了较大的发展阻力,而新生代华侨华人的专业化技能更强、知识层次更高,能够更好地融入海外的生活,也更加注重自我价值的实现。但新生代华侨华人对传统文化、"根亲文化"的认知来自父辈们的言传,存在不够准确等问题,这也让"根亲文化"的传承面临挑战。"根"意识的弱化以及对中华传统文化认同感的降低,不利于维系华侨华人与祖籍国之间的交流、联系,同样也不利于提高华侨华人回国发展创业的意愿。

新生代华侨华人在国际社会与中国之间发挥着"沟通者""桥梁者"的重要作用。新生代华侨华人回国发展时,其特征、优势、发展趋势会带给他们更多的帮助,但是因为文化差异,创业初期也会出现文化不适应的问题,需要在后续发展中克服。总的来说,回国发展的新生代华侨华人无疑会成为推动中华民族建设的中坚力量。

---

① 许肇琳.从"落叶归根"到"落地生根"看海外华侨华人社会的演变和发展[J].八桂侨史,1993(2):9-13.

第三章 新生代华侨华人回国创业的动因

　　随着老一辈华侨华人年龄的增长和事业的接班交替,新生代华侨华人逐渐走向前台。他们在父辈多年海外奋斗的基础上,更好地融入了当地,并且学有所成,甚至已进入侨居国的主流社会。中国经济社会的快速发展创造了各种创业机会,吸引了一批又一批海外专业人才回流。尤其是 2008 年金融危机以来,中国的改革、发展和稳定,使这些才智精英们感受到信心与希望,他们更愿意回国实现人生价值,成为华侨华人致力于中国经济社会发展的新生命与重要力量①。

　　"一带一路"、"大众创业、万众创新"和"国内国际双循环新发展格局"引领着中国新经济未来发展,启迪着亿万人的智慧与创造力,孕育着中国新一轮创新创业热潮。与此同时,也涌现出一大批来自不同国家和地区的创业者,他们在创造出无数财富的同时,也为中国带来了大量的优秀人才。新生代华侨华人作为新生力量,在创新创业能力和发展潜力方面有着更好的基础和优势,不少新生代华侨华人积极融入全国"大众创业、万众创新"的创业热潮中。中国人移民海外的历史由来已久,根据最新数据显示,目前居住在海外的华侨华人 6200 多万人,分

---

　　① 卢小花,李雅怡,黄应忠.新生代华侨华人回国创业困境及其对策研究:基于侨乡江门市的调查[J].人力资源管理,2017(11):3-5.

布在全世界五大洲 107 个国家和地区,青年侨二代、侨三代的人数在不断增加。近代以来,中国人移民海外去多归少,特别是 20 世纪 70 年代实行改革开放政策之后,移民海外形成了一股高潮,很多中国人在海外落地生根。但近些年来,中国的经济稳健高速发展,已成为世界最具潜力和吸引力的地区之一,并且政府出台一系列针对海外华侨华人的"回归政策",在中国就业创业空间大、平台广、机遇多,加上中国营商环境不断向好,中国吸引海外华侨华人回流的"拉力"在不断增大。2008年,全球性金融危机爆发,全球经济陷入了负增长,对世界各国的经济产生了极大的负面影响。全球经济发展放缓,从而导致了世界范围内的就业危机。经济的不景气、针对海外华侨政策的紧缩、对外来移民的排斥现象,使得海外华侨在国外面临着收入降低、就业压力大、人身和财产安全得不到基本保障等一系列问题形成的"推力"现象。在祖国的"拉力"作用和住在国的"推力"作用等多方面因素的共同作用下,越来越多的新生代海外华侨华人选择回国创业①。

一、住在国的"推力"因素

(一)经济全球化环境复杂

全球经济环境日趋复杂,不确定性增加,资本市场随之波动加剧,特别是受 2008 年金融危机冲击后,全球经济发展开始减速,这给许多发达国家带来了巨大的压力。全球经济正在从复苏过渡到更加复杂的经济环境。眼下全球能源危机严重、发达国家通货膨胀、美国密集加息、新兴市场国家债务危机增加、地缘政治风险增大等问题加剧了全球

---

① 李其荣.关注华人新移民培育侨力新资源[J].八桂侨刊,2008(4).

经济的恶化。全球债务危机兵临城下，通胀"高烧不退"，供应链危机愈演愈烈，资产泡沫不断积聚，类滞胀和经济衰退不断加深，投资和消费都十分乏力，货币政策左右为难，经济几乎处于停滞状态，且经济变量和不确定性增多，经济前景不明，经济环境日益复杂。

受全球经济形势不断恶化的影响，各国失业人数不断攀升，特别是2008年金融海啸后，欧美各国的经济受到了巨大冲击，导致经济下滑明显。发达国家就业形势一直很严峻，失业的不只是制衣工人、建筑工人、餐馆侍者、各类中小商店及服务中介等收入较低的人群，就连向来有稳定职业及较高薪的海外华侨华人也深受影响，他们比普通海外华侨华人失业率还要高。此外，近年来有大量海外华侨华人从事的金融服务业，在2007年12月至2010年10月间削减工作岗位亦达到65万个之多，削减幅度达到了7个百分点，成为美国岗位削减幅度排名第四位的产业。美国参议院更是于2009年2月通过限制外国人到美国银行工作的法案，令许多在美金融专业华侨的工作受到制约，金融危机下的美国"保护主义"也开始兴起。金融危机对世界经济造成重大打击，全球化的步伐开始失速，跨境资本流动、贸易流动降至历史新低，甚至"逆全球化"的迹象也在世界各地开始蔓延。2016年发生在自由贸易发源地英国和全球化推手美国的两次"黑天鹅"事件给全球化带来了诸多不确定性。一个是英国脱欧，另一个是重商民粹主义的代表唐纳德·特朗普任职以后"逆全球化"的政策倾向。此外，在欧洲多国，民族主义、保护主义兴起，国外局势动荡不安，海外华侨华人就业、创业以及人身安全受到严重影响，由此形成了海外华侨华人回国的重要推动力。

（二）多元文化矛盾

在全球化加剧的今天，文化与文化之间的交流越发频繁，人们有更多的机会接触到其他文化,在全球化趋势下国际交流活动日益频繁。世界文化发展的状况将不再是各自独立发展,而是在相互影响下日益形成文化多元共存的局面。但在世界政治一体化、经济全球化的现代化浪潮中,在多种文化交流出现碰撞冲突产生矛盾、经济利益出现摩擦以及少数国家推行强权政治的背景下,多元文化主义和种族主义呈现抬头和蔓延的趋势。全球化不断推进,世界各地移民和留学生的数量不断增加,来自不同国家、地区,有着不同文化背景的人群,在交融中形成了"文化大熔炉"的现象。但不同的文化环境所带来的文化差异和冲突也随之加剧。"非我族类,其心必异"的多元文化主义的形成,会造成互相排斥、互相隔离的社会现象。多元文化主义承认文化差异,却片面地认为一个社会的文化是由多种民族文化相加组成的,是一个马赛克式的社会结构,如同巴黎存在着的唐人街、犹太人"隔离区"、阿拉伯人生活区等等,不同群体间隔离封闭,老死互不往来。因此,不少从越南、柬埔寨移民到巴黎的华人虽然常年生活在唐人街里,却对法国文化一无所知,这种共存而不融入的社会结构存在着潜在的冲突[①]。在别国发生文化冲突时,身处异乡的移民往往成为冲突和摩擦的直接受害者。

多元文化矛盾主要表现为隐性的歧视。尽管海外移民在经济上和文化上为当地做出了重大贡献,社会地位有所提高,但在经济、教育、商业方面仍然受到制度性的歧视。在公共场所的种族歧视虽然不多见了,但它被"隐性歧视""隐性偏见"所代替,比如职业歧视、政治歧视。海外移民在职场努力拼搏、努力晋升可以走到职业更前端、社会更高层,但到达某一层次或高度后,往往会被限制住无法继续晋升,无法接触到企业和社会的核心内容。

---

① 冯寿农,赵宁.文化管理:从多元文化主义到跨文化策略:由法国政府驱逐罗姆人事件引发的思考[J].法国研究,2011(4):81-86.

（三）社会环境的影响

2020 年伊始，一场突如其来的新冠肺炎疫情逐渐蔓延全球，给世界经济、社会、文明带来史无前例的冲击与挑战。在新冠疫情的影响下，许多国家的经济开始下滑，失业率上升，人们普遍存在着强烈的担忧与恐惧，甚至有些人难以摆脱消极情绪正常生活。

新冠肺炎疫情暴发初期，西方国家的主流媒体无视国际社会对流行病毒命名的统一标准，把新冠肺炎病毒的名称与中国或者武汉挂钩，他们用"中国病毒"作为报道的题目，强行将新冠病毒的发源地归根于中国，例如当时德国《明镜》期刊的封面上赫然写着"新冠病毒中国制造"（Corona-Virus made in China）。带有歧视性色彩的言论最突出的表现是将新冠肺炎疫情与特定种族或者国家联系在一起。一些国家和地区针对中国不合时宜的负面评价，甚至造成了大量针对亚洲面孔的排斥言论和暴力行为[①]。

新冠肺炎疫情在某种程度上影响着全球化进程，同时国际竞争局势严峻，人才流动出现阻滞。中国在新冠肺炎疫情防控方面取得的成绩，则给海外华侨华人带来了信心和希望。加上中国经济发展走势稳中有进、整体向好，海外留学人员正因为亲情、健康、家庭等因素，寻觅更适宜下一阶段发展的区域及城市，普遍有了回国的意愿。

---

① 田雪梅,闫红,李珍珍.重大疫情应对中家国情怀的内涵,呈现与育人效用[J].河北农业大学学报（社会科学版）,2021,23(1):1-6.

二、我国的"拉力"因素

(一)国内经济发展趋势

改革开放之初,我国的经济总量规模很小,综合国力不强,技术水平又较低。基础设施落后,对外开放程度低,需求结构很不稳定。为此我国紧紧围绕以发展为主题、以结构调整为主线,在发展中促进结构调整,以结构调整促进经济发展,实现了经济增长与结构调整的良性互动。经过举国上下的努力,我们建成了全面的经济体系,工业、经济产值跃居世界第一。

在"十二五"和"十三五"规划实施的十年,中国经济在世界上的地位持续发生着重大变化,推动着世界经济格局产生了一系列新变化。经济发展稳中有进,民生福祉不断增强,国际影响力大幅提升——"中国号列车"换挡调速、平稳前行,中华民族在实现伟大复兴中国梦的征程中迈进了一大步。从首次成为全球第四大支付货币,到人民币跨境支付系统上线,再到IMF年会热议人民币是否纳入特别提款权货币篮子……近年来,人民币国际化步步推进,从一个侧面反映了中国经济实力和国际影响力的节节攀升。

中国经济增速领跑世界。"十二五"期间,国内经济发展换挡不失速,年均增速预计可达7.8%,高于同期全球2.5%的年均增速,在主要经济体中名列前茅,综合国力稳居全球第一阵营,并成为全球第二个经济总量跨越"10万亿美元"门槛的经济体,对世界经济增长的贡献率超过1/4,成为名副其实的全球"稳定之锚"、动力之源。

中国经济发展呈现特有的韧性、潜力和回旋余地。中国蝉联世界第一制造大国、最大贸易国。与此同时,人均国内生产总值迈入中等偏上收入国家行列,城镇化率超过 50%,研发投入跃居世界第二,高铁里程跃居世界第一。

中国经济的快速发展,主要源于国有、民营、外资"三驾马车"经济的共同奋力拉动。近十年来,"三驾马车"经济的比重结构发生了重大变化,形成了一个新局面。2010—2020 年,各类工业企业资产规模均大幅度增长,民营企业资产增幅最大。这十年,全国工业企业资产增长120%,年均增长 8.2%。其中国有企业资产增长 102%,年均增长7.3%,前五年和后五年年均分别增长 11.53% 和 4.7%;民营企业资产增长 183%,年均增长 11.4%,前五年和后五年分别年均增长 14.4% 和8.5%;外资企业资产增长 67%,年均增长 5.3%,前五年和后五年分别年均增长 6.3% 和 4.3%。2021 年工业企业资产总额大幅度增长,全国及三类企业分别增长了 9.9%、6.8%、11% 和 8.8%(具体见表 3-3)。

表 3-3　2010—2021 年国内、民营和外资工业企业资产数据

分类	工业资产数据						
	2010 年	2015 年	5 年增长/%	2020 年	10 年增长/%	年均增长/%	2021 年
全国	592882	1023398	72.6	1303499	120.0	8.2	1412880
国有控股	247825	397404	60.4	500461	102.0	7.3	518296
占比/%	41.8	38.8		38.4			36.7
私营企业	116868	229007	96.0	345023	195.0	11.4	409089
占比/%	19.7	22.4		26.5			29.0
外资控股	148552	201303	35.5	248427	67.0	5.3	288150
占比/%	25.1	19.7		19.0			20.4
全部民营	196570	424691	116	555290	183.0	11.0	606434
占比/%	33.1	41.5		42.6			42.9

注:表中增长率按绝对数计算。5 年增长为 2010—2015 年的增长,10 年增长为2010—2020 年的增长。

资料来源:中国统计年鉴及国家统计局最新公布数据。

近年来,国内经济蓬勃发展,我国深入实施创新驱动发展战略,强化战略科技力量,提升科技创新能力,加大创新激励力度,转型升级效果不断显现。与此同时,我国发展阶段发生变化,绿色发展稳步推进,相关行业快速增长,市场对中高端产品的需求增加,在经济的促进下,产业升级发展步伐明显加快。我国经济增长与产业升级相互影响、相互促进,经济增长为产业升级提供基础物质支持,产业升级又反作用于经济增长,通过产业升级能够实现行业发展的技术提升和市场环境的优化,由此对经济的增长产生促进作用。随着经济实力的不断增强,中国积极主动地参与到全球经济发展和经济治理事务之中。

正所谓"独乐乐不如众乐乐",中国深知改革开放以来所取得的经济成就与全球化进程的深入推进、良好稳定的国际秩序密不可分,积极走出去、扩大对外开放的层次、坚持互利共赢是中国一直坚持的政策主张。早在2002年,党的十六大报告中便提出,坚持"引进来"与"走出去"相结合的方针,全面提高对外开放水平。随后,历届中国政府积极坚持加快实施"走出去"的政策,特别是2008年全球金融危机之后,针对全球经济缓慢复苏的新形势,中国先后出台了一系列措施。一方面,不断提高自身对外开放的水平,积极开展自由贸易区建设与谈判,推动全球双边与多边贸易、投资的发展。另一方面,针对"一带一路"沿线国家基础设施建设供不应求的情况,适时提出了"一带一路"倡议。目前,全球已经有100多个国家和国际组织积极支持和参与"一带一路"建设,联合国大会、联合国安理会等重要决议中也对"一带一路"建设内容给予充分认可。以"共商共建共享"为特点的"一带一路"倡议成为当前国际经济发展机制的重要补充。从长远的角度看,"一带一路"建设无疑是双赢的,将为全球经济的持续增长奠定重要基础。

华人华侨已成为中国经济持续、健康、快速发展的一支不可忽视的力量。中国政府对海外华侨华人回国发展也给予了高度重视,相继出台了一系列专门政策,为华侨华人创造良好的发展环境,海外华侨华人日渐成为回国创业的主体。在"一带一路"和"双循环"的推动下,我国正在形成以国内大循环为主体、国内国际双循环相互促进的新发展格局,这也是中国主动参与全国治理的重要措施,为中国新一轮对外开放政策注入新鲜血液,为丝路沿线国家的合作与发展创造了互惠共赢的良好机遇,受到了国内外各界及丝路沿线国家众多华人华侨的高度关注和积极响应①。大力发挥海外华侨华人优势是"一带一路"倡议中不可小觑的一部分②,"双循环"新发展格局并不意味着中国对外开放战略的转向,更不意味着我国发展的内向化,而是要发挥我国超大规模市场的潜力和优势,把发展的立足点更多放到国内,同时通过畅通的国内大循环来推动国内和国际双循环,更好地连通国内市场和国际市场,推动我国对外开放进入更高水平,推动建设开放型世界经济,推动构建人类命运共同体③。

（二）国内市场体系逐渐完善

我国市场体系是社会主义市场经济体制的重要组成部分和有效运转基础。改革开放尤其是党的十九大以来,我国市场体系建设取得长足进展,市场在资源配置中的决定性作用日益增强,对促进我国社会主义市场经济体制不断完善和经济社会健康发展提供了强有力的支撑。随着经济社会的不断发展,市场体系改革永远在路上。过去十年间,我

---

① 王九龙."一带一路"建设中海外华侨华人的机遇与挑战[J].一带一路报道,2018,13(5):66-69.

② 蒋泓峰.华人资本助力"一带一路"建设[J].新商务周刊,2015(8):5.

③ 胡必亮,张坤领."一带一路"倡议下的制度质量与中国对外直接投资关系[J].厦门大学学报(哲学社会科学版),2021(6):48-61.

国社会主义市场经济体制改革不断实现新突破,经济社会发展取得辉煌成就,市场活力持续释放,市场营商环境不断改善,广大人民群众的积极性、主动性、创造性得到充分调动。特别是 2020 年以来,面对突如其来的新冠肺炎疫情冲击,我国沉着冷静应对、积极动态调整政策,并采取有力措施统筹疫情防控和经济社会发展,经济发展韧性不断增强,市场活力不减反增,在全球经济体中的表现十分亮眼。

近些年,我国经济发展水平进一步提升,市场体量不断扩大,消费升级带来的高质量需求越来越多,国内市场体系不断优化,由此形成的对外资的吸引力也将随之增强。全球外国直接投资遭遇"寒意",但中国吸收外资却实现逆势增长。联合国贸发会议最新发布的《全球投资趋势监测报告》显示,去年全球外国直接投资继续下滑,跌至国际金融危机后的最低水平。而中国吸收外资水平却稳步攀升,商务部最新数据显示,2022 年中国实际使用外资金额 12326.8 亿元,按可比口径同比增长 6.3%,折合 1891.3 亿美元,同比增长 8%。我国实际使用外资保持稳定增长,凸显中国引资魅力不减。

中国之所以能够吸引如此多的境外投资,与国内的市场环境与政策环境不断优化有关。党的十九大以来,首先,中国以发展实体经济为主要目标,通过科技创新推动产业升级与技术变革,产业升级与消费升级为跨国公司提供了巨大的市场机遇。其次,中国通过扩大开放增强国内市场的竞争水平,吸引更多资金、技术和海外人才。中国活跃的创新生态以及超大规模市场优势也是吸引境外投资的主要原因。中国欧盟商会基于 2021 年 9 月到 2022 年 4 月间对在华欧盟企业的问卷调查显示,中国的研发生态越来越有活力,市场营商和就业机遇越来越多,与世界其他地区相比有许多优势,比如有大量的合作伙伴、富于创新的科研人员、庞大的市场以及能够将新技术快速转化为商业应用等等,

75％的受访企业表示将增加在中国的研发投入,18％的企业表示会保持现有水平。中国的发展活力和广阔市场吸引着越来越多海外侨胞的目光,随着国内市场环境体系的不断完善,创业政策优惠条件的不断加码,创业与就业机会日益丰富,形成吸引华侨华人专业人士回国创新创业的热潮。海外华侨华人看到了施展才华的平台,越来越多的华侨华人开始拥抱"中国机遇",通过创新创业投身"中国梦想",回归祖国成为众多海外人才的共同选择。

三、个人因素

国际金融危机制造的困境、国外民族主义对华侨华人的排斥、中国经济长期稳定向好的发展趋势……促使海外华侨华人对祖国树立起了充足的信心,远在世界各地的华侨华人重新将目光投向国内,意图通过"海外积累,回国投资"的路径实现经济转向。对于新生代华侨华人来说,安定的社会、持续发展的经济以及精神文化情感上的内在亲近感,是他们选择回国创业的内驱动力。

（一）施展才华，实现人生价值

"大众创业、万众创新"作为中国未来经济发展的新引擎,激发了亿万人民群众的智慧和创造力,催生了中国创新创业的新热潮。从前出国是为谋生路,如今华侨华人归国是为了再发展。随着中国经济的快速发展,以及中国政府为海外华侨华人回国创业提供的诸多优惠政策和措施,海外华侨华人回国投资创业的机遇也不断增多,看到了施展才华的平台,越来越多的华侨华人开始拥抱"中国机遇",通过创新创业投身"中国梦想"[①]。"双创"成为中国经济发展的新动力,助推中国创新创业的新热潮,由此吸引了越来越多的华侨华人怀揣丰富经验、先进技术、成熟项目回到祖国创业发展,在国内的广阔市场努力追求自我价值的实现。

(二)父辈寄托引领,家乡情结浓厚

家国情怀、家乡情结是中华文化的核心基因。它拥有着深厚的历史渊源,是一个人对国家、对人民所表现出来的深情大爱,是对国家富强、民族振兴所表现出来的理想追求,是表达一个人对国家的认同感与归属感。华侨华人不管身在何处,都心系祖国,他们拥有浓厚的家国情怀,希望可切实为祖国做贡献,为同胞谋福利,使得中国社会保持良好的发展势头。"君子虽在他乡,不忘父母之国",华侨华人的宗法观念和落叶归根的家乡情结,使他们自然地与祖国同呼吸、共命运,为近代以来中国的建设做出重大贡献[②]。如改革开放初期,一批又一批中国人乘着改革开放的东风迈出国门谋生、创业,逐梦逐浪。2020年,新冠肺炎疫情暴发,世界各地华侨华人通过华侨华人社团的协助,积极筹募防护服、口罩等医用物资,从而缓解国内医用资源短缺问题。从为家乡建设捐款到掀起创业热潮,特别是在老侨民浓郁情感的感染下,越来越多的新生代华侨华人带着回报桑梓的热忱,以前瞻性的视野和务实奋斗的姿态,在内心深处家乡情怀的驱动下回国发展创业,深化"服务家乡,造

---

① 华媒.华侨华人回流趋势明显 回国创业迎新机遇[EB/OL].(2015-09-23)[2023-04-14].http://m.haiwainet.cn/middle/3541582/2015/0923/content_29192537_1.html.

② 张凯滨.青田侨商回国创业的内源性动力机制[J].汉语国际教育研究,2018(10):246-255.

福地方"的家乡情结①。

（三）跨国资源丰富，国际视野有优势

发展是第一要务，创新是第一动力，人才是第一资源。随着我国国际影响力和综合国力的不断提升，我国已成为世界上第二大经济体，拥有着巨大的市场和广阔的发展前景，更是吸引着越来越多的海外华侨华人返回祖国。新生代华侨华人与老一辈华侨华人相比，拥有更高的教育水平、语言水平、专业技术水平以及更好的社会资源，了解和掌握较多的国外先进理念和先进技术，视野及人脉更为宽广。与国内的创业者相比，新生代华侨华人具备国际视野，通晓国际商业的运作规则，在国内外积累了较为广泛的人际网络关系，能够更及时地捕捉到全球经济的最新动态。

总而言之，海外新生代华侨华人回国发展成为一种趋势，中华民族的伟大复兴也离不开海外华侨华人的共同努力。海外华侨华人是中华民族在海外的延伸和有机组成部分，是我国发展的"独特机遇"，是我国同世界各国友好交往与交流的重要桥梁，也是促进世界和平与发展的重要力量。西方经济出现下滑，而中国经济繁荣持续发展，上述激发新生代华侨华人回国创业的动因可以归结为两种：生存型动机和发展型动机。

（1）激发生存型动机的因素。2008年全球金融危机使各国的经济受到了巨大冲击，各国经济下滑明显，经济发展的速度放缓，就业形势严峻，失业率高，各国社会矛盾频繁发生，影响最大的当属恐怖袭击；在世界政治一体化、经济全球化的现代化浪潮中，在各种文化、经济交流

---

① 卢小花，李雅怡，黄应忠.新生代华侨华人回国创业困境及其对策研究：基于侨乡江门市的调查[J].人力资源管理，2017(11)：3-5.

相互碰撞,出现利益摩擦以及少数国家推行强权政治的背景下,民族主义和种族主义呈现再度抬头和蔓延的趋势,"中国威胁论"在世界舆论场上愈演愈烈,海外华侨华人备受"隐性的歧视";2020年在新冠肺炎疫情的影响下,许多国家经济开始下滑,失业率上升,面对人类未知的新冠病毒,人类普遍存在着强烈的担忧与恐惧,甚至有些人难以摆脱消极情绪正常生活,其中海外华侨华人遭受歧视的现象尤为凸显。海外局势动荡不安,经济发展倒退,海外华侨华人受到社会不公平对待,甚至人身安全受到威胁,促使部分海外华侨华人遭遇一定的生存困境,这些因素促使海外华侨华人回国发展。

(2)激发发展型动机的因素。随着近年来中国经济发展的转型,政府重视高端人才回国发展,陆续出台了一系列针对海外人才引进和支持创新创业的政策,积极主动吸引优秀海外华侨华人,为海外华侨华人回国发展创造良好环境;中国经济持续稳定快速发展,社会安定祥和,国民幸福指数高,营商和市场环境不断优化,对海外华侨华人回国创业的优惠政策和措施越来越多,就业投资创业的机遇也不断增多。部分海外华侨华人在海外已经有了一定的资本基础,希望得到更好的发展,实现更高的人生价值,充满"机会"的中国市场促使他们回国发展。

本篇小结

本篇首先重点介绍了自新中国成立以来,海外华侨华人的三次归国浪潮以及现阶段正在形成的新一波归国浪潮。随着老一代华侨华人的逐步淡出,日渐成熟的新生代华侨华人开始走向时代的舞台。在新一波归国浪潮中,新生代华侨华人作为国家发展的主要生力军,不仅是创新人才和关键技术的重要来源,同时也是国家间政治、经济、文化等多方面交流的关键枢纽。他们通过自身天然的资源优势，以侨搭桥、以侨引侨、以侨引外、以侨促内，助力"双循环"新发展格局。

其次根据现有文献资料的梳理，重点对"新生代华侨华人"做出了具体的概念界定。其中，新生代华侨华人包括海外华侨华人的子孙后代、20世纪70年代后期以来通过各种方式出国并已经获得旅居国长期居住身份或加入定居国国籍的人员，以及改革开放以后的出国留学人员。而后进一步介绍了新生代华侨华人的个人特征以及其未来的发展趋势。

最后分别从国际因素、国内因素以及个人因素等角度，深度解析了新生代华侨华人的回国动因。自2008年金融海啸以后发达国家的经济发展开始减速，发展中国家则开始提速，给发达国家带去了巨大的压力。历史遗留因素的影响，新冠肺炎疫情的暴发促使各国排华、反华情绪高涨，国外局势动荡不安，国内局势安全稳健发展和针对性的政策扶持，促进了海外华侨华人的回国发展。从为家乡建设捐款到掀起创业热潮，新生代华侨华人带着回报桑梓的热忱，怀着"服务家乡，造福地方"的家乡情结回国发展。

第二篇

实证研究

第四章　文献综述

一、新生代华侨华人的相关研究综述

学术界现有关于华侨华人的研究不少,所涉及的学科门类也是多种多样的。1985 年 12 月 17 日到 19 日,我国首次华侨华人历史国际学术研讨会①在广州举办,该研讨会对第二次世界大战之后华人社会发生的巨大变化、华侨华人与中国同胞的关系历史与现状等问题进行了研讨。此次讨论会共收到 32 篇论文,其中有关于历史、教育、经济等的研究,并且倡导学者们未来要从经济学、社会学、历史学等多方面对华侨华人进行深度研究。对华侨华人群体变化的研讨也让各界对于华侨华人有了更新的认识与研究。随着时间的推移,学术界也渐渐将研究对象从老侨民聚焦到新侨民,研究内容从华侨华人历史的研究聚焦到政治、经济、文化方面的研究与探索。在华侨华人的研究力量方面,该领域产生了一批极具影响力的学者,例如庄国土、王赓武、丘立本、周南京、李明欢、龙登高等人。从发文数量来看,科研院所(特别是华侨华人历史研究所)与高校两大学术主体对该领域的研究极大地推动了侨务

---

① 吴行赐.我国首次华侨华人历史国际学术研讨会在广州举行[J].学术研究,1986(2):100.

工作的实施与发展,高校研究所在其中发挥着更为重要的资源贡献作用。同时,华侨华人研究的重要力量主要分布于沿海地区与发达省会城市,例如北京、厦门、广州、上海等地[①]。

在关于新生代华侨华人的研究方面,学者们也探究出了不同的研究方向,主要分为了以下三类:人文历史、婚姻教育,以及政治经济文化。

(一)新生代华侨华人人文历史问题的相关研究

1.人口问题

有关于华侨华人人口的研究分为两个方面。

一方面是人口数量的调查,老一辈的华侨华人逐渐淡出历史舞台,新生代华侨华人已经成为世界关注的重点。近几十年,华侨华人人数在不断增加,2015 年的数据调查显示[②],全球华侨华人总共约 6000 万人,在全世界的 224 个国家与地区中,其人口规模位列前 25 位。华侨华人整个群体的经济发展实力也可位列前十位,该群体的人口规模和发展程度的综合实力也能达到发达国家的一般中等地区的水平。华侨华人的人才储备也已经超过 200 万,同时,新生代华侨华人对先进管理理念与科学技术的掌握超过了老一辈华侨华人的水平,他们已经成为中国引进人才的重要对象,也是中国对外关系中最重要和最可靠的友好力量之一。总的来说,了解侨情变化,对于开展海外华侨华人统战工作尤为重要。2020 年的一项调查研究中发现,截至 2020 年,俄罗斯政

---

① 李永,邬瑶瑶,吴昌龙.我国华侨华人研究现状探析:基于《华侨华人历史研究》文献的知识图谱分析(1998—2016)[J].内蒙古民族大学学报(社会科学版),2018,44(5):42-52.

② 康晓丽.全球化时代华侨华人的新变化:兼论对海外统战工作的启示[J].陕西社会主义学院学报,2015(3):23-26,30.

府在远东地区建设了五万个工作地点接受外来的移民人员[①]。据调查，截至 2015 年,旅俄华侨华人接近 20 万人。

　　另一方面则侧重于新生代华侨华人高层次人才回国的研究。在陈瑞娟(2021)[②]关于新发展阶段海外华侨华人高层次人才回流趋势的研究中,引用了中国与全球化智库(CCG)2014 年 8 月发布的国际人才蓝皮书《海外华侨华人专业人士报告(2014)》[③]中的调查数据。数据显示,进入 21 世纪,中国开始成为世界最主要的"人才回流"和"人才环流"接纳国。改革开放以来,不仅仅是国内外学者展现出了对新生代华侨华人研究的重视,中国政府也通过各项政策吸引新生代华侨华人人才回国。我国近年来留学回国的人数在逐步攀升,并且呈现明显的快速增长趋势,不管是出国留学人员的数量,还是学成回国留学人员的数量,都呈现上升趋势。2020 年 1 月 13 日,《世界侨情报告 2020》蓝皮书[④]指出,2019 年包括新移民在内的华侨华人在世界各国的人数总量依然有所增长。美国的外来移民中,华侨华人数量高达 508 万,中国是位居前三位的来源国。随着新生代华侨华人人才优势的凸显,国内对于人才引进的研究也越来越重视和深入。

　　2.历史问题

　　关于华侨华人历史的研究对于研究新生代华侨华人的研究具有重要借鉴意义。1976 年以来,华侨历史的相关研究越来越受到重视,成

---

①　姜丹,金疆.俄罗斯远东地区华侨华人社会变迁对华文教育的影响[J].教育现代化,2020,7(47):168-170.

②　陈瑞娟.新发展阶段海外华侨华人高层次人才回流趋势研究[J].青年探索,2021(4):94-103.

③　海外华侨华人专业人士报告(2014)[M].北京:社会科学文献出版社,2014.

④　中国新闻网.报告:2019 年华侨华人在世界各国人数总量有所增长[EB/OL].(2021-01-13)[2023-04-14].https://baijiahao.baidu.com/s? id=1688748800427302184&wfr=spider&for=pc.

立了各大历史学会以及在各高校建立了华侨工作历史研究所,很多华侨华人历史研究专著出版①,如《辛亥革命与华侨》《陈嘉庚兴学记》《华工出国史料》《华侨史论丛》等的出版对于国家开展侨务工作具有重要意义。杜继东、吴敏超(2020)②研究了新西兰华侨华人历史,研究的起始时间点在 19 世纪后期的移民小高潮。总的来说,聚焦新生代华侨华人的历史研究较少,原因在于新生代华侨华人发展的时间较短,并且新生代华侨华人与老一辈华侨华人的历史发展息息相关,要研究历史,就不能单独地研究其一段时期的变化。老一辈的华侨华人与新生代华侨华人,在移民动机、情感变化等方面都有前因后果的联系。虽说近年来也有关于各地华侨华人历史的研究,但是都基本杂糅了新老华侨华人的概念。学者与其他各界人士在 20 世纪末期就将目光聚焦于经济、文化等方面,关于历史研究的大势已经成为过去,甚至关于华侨华人历史的研究已然跨入了"边缘化"时期。龙向阳(2004)③指出华侨华人研究关于历史的研究必然会成为过去式,主要在以下两个方面,一方面是中国与海外华侨华人在政治与经济方面碰撞出激烈的火花,吸引了学者对此的关注;另一方面,在历史的研究中,我们明显缺乏创新意识与创新理念,导致国内有关于华侨华人的历史研究缺乏活力。

总的来说,历史研究综合了政治与文化、经济方面的研究,这些方面实际上也是历史研究的深化,也是对未来发展的分析与展望,是一种现实的研究。历史与现实的结合,不仅不会弱化或忽略历史研究,反而会为未来的探究奠定坚实的基础,历史是过去的现实,现实是未来的历史。

---

① 林锦基.近年来国内华侨史研究工作的回顾与展望[J].南洋问题,1984(1):69-80.

② 杜继东,吴敏超.全球史视野中的新西兰华侨华人史研究[J].兰州学刊,2020(1):5-17.

③ 龙向阳.世界体系思想对华侨华人历史研究的意义[J].华侨华人历史研究,2004(1):54-59.

（二）新生代华侨华人婚姻教育问题的相关研究

1.婚姻问题

随着研究的深入与细化,婚姻问题也逐渐进入研究者的视野,主要包括以下三个方面:(1)与异族通婚的态度。吴金平(2004)[①]在对美、加两国华裔新生代的研究中,针对异族通婚的态度进行研究,发现在加拿大的新生代华裔对于与异族通婚完全不介意,在美国的华裔新生代则有超两成的人表示反对与异族通婚。当然,受当时条件的限制,统计数据也不完全准确。(2)婚姻观念的转变。二战之后的新移民在其他国家接受了更加不同的婚姻观念,对于自由和平开放的婚姻状态更加向往,从旧式的包办婚姻向新式的自由婚姻转变。邓晓琦(2008)[②]研究了导致战后美国华人婚姻观念嬗变的各种因素,婚姻观念的变化使得新生代华侨华人对于与异族通婚的态度发生较大转变,以及在异国他乡"落地生根"观念的接受更普遍。一方面是关于在他国结婚的状况调查,另一方面还有学者研究了国内华侨家庭留守妇女的婚姻状况。(3)国内留守家庭的状况。沈惠芬(2011)[③]以20世纪30—50年代福建泉州华侨婚姻为例研究了华侨家庭留守妇女,发现大部分福建籍东南亚华侨在中国结婚,并且拥有家庭(见表4-1)。

① 吴金平.对美、加华裔新生代特点的社会调查及分析[J].世界民族,2004(6):64-69.

② 邓晓琦. 从传统婚姻到现代婚姻[D].武汉:华中师范大学,2008.

③ 沈惠芬.华侨家庭留守妇女的婚姻状况:以20世纪30—50年代福建泉州华侨婚姻为例[J].华侨华人历史研究,2011(2):68-76.

表 4-1　龙海、晋江、福清三地 165 名东南亚移民婚姻状况

婚姻状况	迁移前未婚			迁移前已婚		合计
	回国成婚并在当地再婚	在当地成婚	回国成婚	未再婚	在当地再婚	
人数	19	63	27	31	25	165
比例/%	11.52	38.18	16.36	18.79	15.15	100

资料来源：浦永灏.论福建侨乡人口国际迁移的社会、经济、文化意识效应[J].人口研究 1988(5)：25.

留守的妇女们利用各方资源,积极与海外丈夫联系,以维系家庭的情感和经济。新生代华侨华人与国内的联系也成为他们日后发展与生存的重要考虑因素。近几年,有关的研究相对较少,更多的学者着重研究文化与经济的影响,而实际上新生代华侨华人的婚姻态度也会影响他们回国发展的意愿,对于让新生代华侨华人"走出去"到"走回来"有重要作用。

2.教育问题

从全球发展来看,教育方式与教育资源的改进与提升是有目共睹的。国内学术界的研究重点不仅仅在于全球视角中教育的发展历史,而在于华侨华人的华文教育,以及华侨华人在教育中所做出的贡献。吴明罡(2010)[1]研究了近代南洋华侨教育,南洋华侨教育在辛亥革命后进入了空前繁荣阶段,属于中国教育的一个组成部分,与中国教育有着许多天然和必然的联系;同时又因为受到地域、居住地文化背景和殖民政策等诸多因素的影响,南洋各地的华侨教育发展也存在很多个性差异。李永(2012)[2]选择了 1848 年华人淘金移民至 1943 年美国废除排华法的时期,研究了旧金山华人延续传统文化的家庭教育,对中文学校以及施加美国化影响的公立学校与教会学校进行考察,从而分析华侨

---

① 吴明罡.近代南洋华侨教育研究[D].长春:吉林大学,2010.
② 李永.排拒与接纳[D].武汉:华中师范大学,2012.

华人认同感的变化。赵惠霞、樊静静(2019)在《文化传播视域下的菲律宾华侨华人和华文教育发展》中指出,随着"一带一路"建设的落实与中菲经济文化交流的深入发展,中华文化绽放出了独有魅力,使得菲律宾的华文教育即将迎来蓬勃发展的新时代①。而且,姜丹、金疆(2020)②研究了俄罗斯远东地区华侨华人社会变迁对华文教育的影响,根据研究,当地华侨华人由19世纪末俄国侨民的身份发展为旅苏华侨,直至当代的旅俄华侨,华侨华人社会发生了巨大的变化,华语教育之路的发展也异常艰难。除了对华文教育的研究,同时还有诸如研究华侨华人对中国教育的贡献,如胡伟(2018)③关于福建华侨华人对近代教育的贡献研究,主要分析了华侨华人支持中国教育事业的原因、实践、发展以及特点等方面,为人们了解华侨华人对祖国近代教育所做出的巨大贡献提供一些新的思考与借鉴。

(三)新生代华侨华人政治文化经济问题的相关研究

1.经济问题

经济方面的研究内容较为丰富,包括经济政策、经济发展趋势、华侨华人在经济发展中的作用以及存在的若干问题的研究。第二次世界大战之后,华侨华人在经济方面有了较大的转变,从事的行业包括工业、金融业、房地产业、农业等④,职业选择上也从老一辈华侨华人的"三把刀"(剪刀、剃刀、厨刀)事业向新生代华侨华人的"三化"(职业化、科

① 赵惠霞,樊静静.文化传播视域下的菲律宾华侨华人和华文教育发展[J].西部学刊,2019(1):5-11.
② 姜丹,金疆.俄罗斯远东地区华侨华人社会变迁对华文教育的影响[J].教育现代化,2020,7(47):168-170.
③ 胡伟.福建华侨华人对近代教育的贡献[J].兰台世界,2018(6):134-137.
④ 张福成,王鼎咏.战后海外华侨华人经济事业的飞速发展:开发利用海外华侨资源为"四化"建设服务[J].亚太经济,1986(6):43-47,42.

技化、高端化)转变。梁隆俊(1986)[①]对战后印度尼西亚的华侨华人经济政策进行了研究。王望坡(1996)[②]研究了20世纪80年代印尼、马、泰、菲四国政府对华侨华人的政策对经济的影响,从国际政策、经济政策与同化政策等方面研究了其对于华侨华人的具体影响。王望波(1996)还分别研究了印尼政府[③]与菲律宾政府[④]的华侨华人政策对经济的影响研究。王禹亭(2014)[⑤]研究了欧洲华侨华人经济转型的相关问题,对比了早期与二战后华侨华人经济发展的特点,重点分析了欧债危机的影响。华侨华人的发展状态不仅仅受到住在国经济状况的影响,同时也反过来影响着住在国的经济发展。随着新生代华侨华人的"三高"(高学历、高收入、高社会地位)转变[⑥],他们在住在国发挥着尤为重要的作用,也拥有了更深远的社会影响力。除了研究新生代华侨华人与住在国的经济联系,陈佳鸿、曹新蔓(2019)[⑦]等也研究了新时代华侨华人与中国经济发展之间的联系,分析了华侨华人在中国发展的现状、动机、问题以及对于以上分析给出的建设性意见。

2.文化问题

文化方面的研究逐渐成为新生代华侨华人研究的重要方面,学者

① 梁隆俊.战后印度尼西亚的华侨、华人经济政策[J].南洋问题,1986(2):34-42.

② 王望坡.80年代以来印尼、马、泰、菲四国的华侨华人政策对华人经济的影响[J].东南亚,1996(2):56-64.

③ 王望波.80年代以来印尼政府的华侨、华人政策对华人经济的影响[J].东南亚研究,1996(3):42-44.

④ 王望波.80年代以来菲律宾政府的华侨华人政策对华人经济的影响[J].华侨华人历史研究,1996(2):69-73.

⑤ 王禹亭.欧洲华侨华人经济转型研究[D].广州:暨南大学,2014.

⑥ 刘燕南,王亚宁.华裔新生代受众的三维建构:媒介时空、代际关系、身份认同:基于华语电视国际传播的思考[J].现代传播(中国传媒大学学报),2022,44(4):57-64.

⑦ 陈佳鸿,曹新蔓,程册,等.新时代华侨华人与中国经济高质量发展激励机制研究[J].特区经济,2019(10):14-21.

们从不同视角分析了各种文化与华侨华人的关系。如表4-2所示,这些研究包括关于妈祖文化与华侨华人的联系研究、五缘文化与新华侨华人之间的影响研究、各国文化与新生代华侨华人之间的研究。除此之外,还有对文化特征、文化认同与文化传承的研究,这些研究总的来说侧重于对新生代华侨华人关于住在国与中国民族文化的认同感与归属感问题,例如《隐喻的开关:20世纪以来斯里兰卡华侨华人的文化认同机制研究》等相关研究。随着华侨华人数量的增多以及群体力量的增大,华侨华人自身也形成了独特的社会文化。陈娅(2021)[①]研究了"中国第一侨乡"江门五邑华侨文化与侨乡文化的"生态保育"路径,并指出华侨文化是华侨在国外创造的中国传统文化与国外文化相融合的独特文化,展现了华侨华人的价值观、人生观与生活方式。对于文化的研究还需要更深层次的研究,尤其是新生代华侨华人在文化认同感方面发生了巨大的改变,对于中国传统文化认同感的培养有助于将新生代华侨华人与祖国联系在一起。

表4-2 新生代华侨华人文化问题研究相关分类特点

研究分类	相关文献
妈祖文化与华侨华人	《试论华侨华人妈祖信仰的文化特征及其发展趋势》 《妈祖文化在海上丝绸之路沿线国家的传播与发展》 《马来西亚槟城华侨华人妈祖信仰的特点:以海南会馆天后宫为例》 《东南亚华人社会的妈祖文化:基于民族认同的视角》等
五缘文化与新华侨华人	《试论"五缘"文化及其与海外华侨华人社会》 《五缘文化与泰国华侨华人社会》 《全球化移民新趋势与五缘文化传承发展》等

① 陈娅.江门五邑华侨文化与侨乡文化"生态保育"路径研究[J].中国民族博览,2021(20):53-54,84.

续表

研究分类	相关文献
各国文化与新生代华侨华人	《近代旅美华侨华人与中美文化的双向交流》 《青田华侨华人与中欧文化交流》 《华侨华人与中拉文化交流》等
住在国与中国民族文化的认同感与归属感	《隐喻的开关:20 世纪以来斯里兰卡华侨华人的文化认同机制研究》 《寻求生存方式的同一性——美加新华侨华人的文化认同分析》等
华侨华人社会独特文化	《江门五邑华侨文化与侨乡文化"生态保育"路径研究》等

资料来源:本研究整理所得。

3.政治问题

在政治方面,学界对于华侨华人的政治作用主要聚焦于民间外交。刘国菊(2020)[①]认为华侨华人是推动民间外交"走出去"和"引进来"的重要力量。新时代中,更多目光聚焦于华侨华人社团的建立。郭剑波(1993)[②]对华人华侨社团的国际化趋向及原因进行了概述,指出华侨华人社团的国际化是必然趋势,它维护了华侨华人自身的合法政治权利,而政治权利的争取也是基于经济基础之上。中国经济的发展,与外国的友好建交,也让海外的华侨华人在居住国的政治权利得到了保障,让华侨华人在国外发展争取政治权利有了底气。一方面,是新生代华侨华人的政治参与态度。张钟鑫(2008)[③]在研究中引用了吴金平教授关于华裔大学生政治参与态度的调查数据,说明印美华裔的政治参与积极性在提高,其中受到家庭鼓励的内部因素与国家政治环境的外部因

---

① 刘国菊."一带一路"民间外交的新内涵、新探索和新策略[J].学术探索,2020(8):142-147.

② 郭剑波.略论华人华侨社团的国际化趋向及原因[J].浙江师大学报,1993(5):43-45.

③ 张钟鑫.印美华裔新生代比较浅析[J].陕西行政学院学报,2008(1):36-39.

素影响。另一方面是中国政府出台的相关政策帮助实施海外统战工作。高伟浓(2002)指出,庄国土在《华侨华人与中国的关系》中将新中国成立后至1970年代左右的中国政府海外华侨政策分为三个时期①进行分析研究。近年来,也有《海外统战工作服务"三高四新"战略的路径研究》《海外华侨华人统战工作推动"一带一路"高质量发展研究》等有关政府开展统战工作的政治研究,受到了国内外的广泛关注,这部分的研究也对中国经济发展起着重要作用。国内外政策的变化对于新生代华侨华人都有着深远影响,华侨华人在政治方面的参与也将积极推进国内外政策的调整与改进。

(四)新生代华侨华人相关研究述评

基于上述研究回顾发现,学者们对于华侨华人在人口、婚姻、历史、经济、文化、政治、教育等方面的研究都有涉猎,并且有关华侨华人的研究并不在少数。但是,通过对以往学者的研究整合发现,在婚姻状况和研究群体方面的相关研究仍然存在一定的不足。

一方面,关于婚姻状况的研究,对于婚姻的研究有助于了解华侨华人高层次人才回国发展的重要影响因素。不管是国内的婚姻,还是国外的婚姻,都在华侨华人心中产生了更多的羁绊和联系,也会成为他们未来发展的考虑因素之一。但是有关华侨华人婚姻或是着重研究华侨华人婚姻态度的研究较少,所以在婚姻方面,我们应该要有更加深入的研究与发现。

另一方面,研究群体的界定。例如在历史研究方面,关于新生代华侨华人的研究著作和文献相对较少。虽然新生代华侨华人历史发展较

---

① 高伟浓.海峡两岸侨务问题研究的新篇章:庄国土教授《华侨华人与中国的关系》关于侨务的论述评析[J].东南亚研究,2002(1):78-83.

短,并且多数学者用一些重大事件来划分华侨华人的研究,如第二次世界大战、欧债危机等。改革开放以后,还有各种移民小高潮等时间上的划分,但是对于新生代华侨华人性质的界定仍然不明确。也有少部分学者对新生代华侨华人进行定义,但是在公众认同方面来说,并没有明确统一的概念,所以针对新生代华侨华人的性质划分是十分有必要的。新生代华侨华人社会与老一辈华侨华人社会有着不同的价值观、文化观、生活方式等等,我们需要对这部分群体有着更加清晰的界定。对于历史方面的研究,虽然新生代华侨华人存在时间短,但是就普遍认同的时间界限来说,也已经有近50年的发展历史,所以对这50年的发展做一个更加清晰明确的历史研究也是十分有必要的。有关新生代华侨华人的研究还需要学者们做出更多的努力,无论是以上哪一个方面,其新的发现对于经济、文化、历史都有着更为深远的影响与意义。

二、网络关系的研究综述

Granovetter(1985)对网络嵌入进行了深入研究,认为大多数行为都紧密嵌入人际关系网络中,网络嵌入研究是社会学与经济学中一个令人兴奋的范畴,因为它们提高了人们对于社会结构怎样影响经济生活的认识。[①] Granovetter 从经济活动社会化的视角指出经济活动受到社会影响,它们适度嵌入在社会结构当中的。这里的社会影响是一种外部力量,一种潜入个人思想和身体的力量,可以改变人们的决策方式。[①]网络嵌入研究比纯粹的经济研究更好地解释了某些形式的经济行为。学者们在研究关于经济理论的具体研究命题,或者关于社会联系如何塑造经济和集体行为时的相关研究是较为多样化的,已被广泛

① GRANOVETTER M. The sociology of economic life[M]. London:Routledge,2018.

用于社会经济活动在认知、经济和社会构成、制度和社会文化等方面的诠释。

关于网络嵌入研究,经典分析框架便是 Granovetter(1985)提出的结构嵌入和关系嵌入架构[①]。其中,网络结构嵌入是基于网络数理经济学从研究对象的网络结构出发来系统分析网络参与者个体间互相联系的总体性结构。譬如,Uzzi(1997)对网络参与者所处互联网中的信息密度,个人和企业之间在整个互联网环境中各自的角色地位以及对其业务活动效率和经营绩效等的综合影响进行研究分析[②]。Burt(2021)经过几年的结构嵌入研究认为,"结构洞"起到了重要的"桥梁作用",并指出公司在互联网中占有的结构洞的数量越多,公司在整个信息传播网络中占据的地位越有利。[③] 然而,网络关系嵌入聚焦于网络参与者之间相互联结的双向关系,基于主体之间双向关系的内容、方向、力度等多种指标来反映关系的联系强弱。个体或者组织间较强的关系嵌入性可以促进彼此之间的业务合作、信息资源的交换、技术知识的共享和开发等等。网络关系嵌入是企业的重要战略性资源,不同程度的关系嵌入是造成企业绩效差异的重要原因[④]。网络参与主体间彼此关系的紧密程度直接对彼此之间的信任程度、合作规范、未来预期等有着直接影响,从而通过彼此之间的资源交换整合、知识共享创造来对企业当前的经济绩效和

① GRANOVETTER M. Economic action and social structure: the problem of embeddedness[J]. American journal of sociology,1985,91(3):481-510.

② UZZI B. Social structure and competition in interfirm networks[J]. Administrative science quarterly,1997,42(1):37-69.

③ BURT R S,OPPER S,Zou N. Social network and family business: uncovering hybrid family firms[J]. Social networks,2021,65:141-156.

④ 戴佩华.不同创新模式下集群企业网络关系嵌入研究[J].经济体制改革,2022(3):104-111.

未来合作产生影响①。譬如,解学梅、李成(2014)在对网络关系进行研究时,指出网络关系可以对个人和组织之间的行动产生积极作用,进而实现价值创造,企业通过网络关系为相关利益者提供更好的服务活动②。

总之,个体或者组织的行为不是一劳永逸的影响,而是一个持续的过程,在交互过程中不断地构建和重建。个体或者组织所处的网络环境不仅塑造了它的成员,反过来也被成员所塑造。经济行为嵌入关系网络中,其强大影响不容忽视,那么不同维度的网络关系及其影响经济行为的机制又有何差异呢?

(一)网络关系的维度划分

社会网络理论指出,关系网络是由个体或组织之间的双向关系构成的能够相互影响的整体体系。关系网络可以被当成是一种独特的、难以复制的社会资本,从而产生利益资本③。企业与其他主体之间形成的这种稳定关系体系,有利于个体间的资源、信息共享等,能够提升企业能力。随着对网络关系研究的深入,许多学者对企业网络关系进行了不同维度的划分探讨,研究不同类别网络关系中的利益相关者会给企业的经营活动带来的影响。

1.强网络关系和弱网络关系

Granovetter(1973)④在后续的研究中根据网络关系强度将关系网

---

① 兰建平,苗文斌.嵌入性理论研究综述[J].技术经济与管理研究,2009,28(1):104-108.

② 解学梅,李成.社会关系网络与新产品创新绩效:基于知识技术协同的调节效应模型[J].科学学与科学技术管理,2014,35(6):58-66.

③ JAMES S COLEMAN. Social capital in the creation of human capital[J].1988:S95-S120.

④ GRANOVETTER M. The strength of weak ties[J]. American journal of sociology,1973,78(6):1360-1380.

络分为强关系网络和弱关系网络两种。"强网络关系"是指主体的网络同质性较强(即网络参与者所交往的人群从事着同构性的工作,掌握的信息都是趋同的),彼此之间有着高水平的情感亲密关系。反之,"弱网络关系"是指主体的网络更具有异质性特征(即网络参与者的交往面较为广泛,交往对象可能来自各行各业,可以获得的信息也是多方面的),人与人关系松散、不够紧密,也没有太多的感情维系。网络关系的强弱对个人或者企业获得信息资源的性质以及达到其行动目的的可能性有着差异化的影响。就像 Granovetter(1973)发现,弱关系在创新领域具有重要正向作用,虽然这个研究结论在直觉上是反常识的,但经过研究已经被证明是网络理论的经典理论之一。根据 Granovetter 的理论,边燕杰学者(2013)[①]提出了中国情境下的强关系假设,认为中国社会不似美国的弱关系社会,而是一个强关系社会。也就是说,在中国情境下,我们常说的"找关系"靠的不是弱关系所能提供的广泛而多样化的信息,而是强关系所能带来的确定而有力的帮助。严格来讲,边燕杰并未提出一个全新的理论,只是基于 Granovetter 的研究对他的理论在中国做的一次检验,提出了该理论在中国特定环境下的假设。

国内外学者对于网络的强弱关系进行了丰富的理论研究,揭示了网络关系强度对主体行为、行为结果等产生的影响作用(见图 4-1)。戴佩华(2022)[②]对企业网络关系与企业创新进行研究发现,集群企业外部网络关系属于弱关系,更有利于异质性信息的传播和获取;内部网络关系属于强关系,对现有知识的交流深度有积极作用。侯广辉等(2022)[③]

---

① 边燕杰,张磊.论关系文化与关系社会资本[J].人志,2013(1):107-113.
② 戴佩华.不同创新模式下集群企业网络关系嵌入研究[J].经济体制改革,2022(3):104-111.
③ 侯广辉,陈伦鑫,廖桂铭."强关系"何时变"强"?:提升个体创造力的组织内非正式关系网络嵌入策略[J].科技管理研究,2022,42(4):133-139.

基于"强关系"和"弱关系"对个体创造力的作用差异,发现"强关系"在创意实现阶段更有利于提升个体创造力,而"弱关系"可能在创意产生阶段具有更有利的影响作用。Sosa(2011)[1]和 Chua(2012)等[2]也认可了"强关系"的信任和感情支持对主体创造力具有积极作用。李丹等(2018)[3]研究表明,弱关系强调正式化交易原则,不需要非正式化的"关系承诺",对节约资源和新关系的建立具有促进作用,有利于突破式创新的实现。

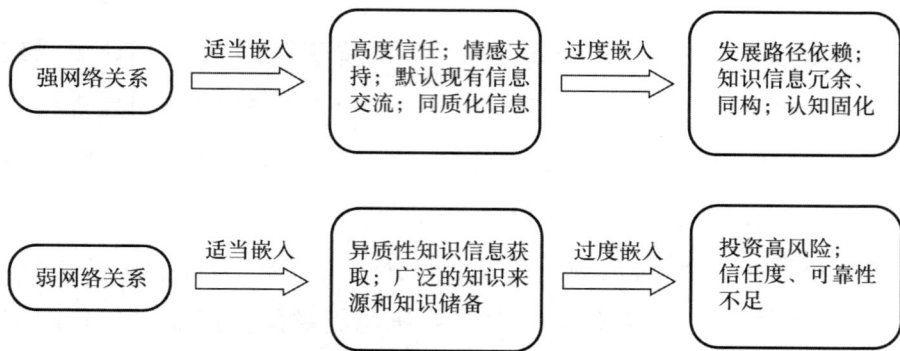

图 4-1 "强网络关系"和"弱网络关系"嵌入的影响作用

资料来源:本研究整理所得。

然而,网络参与者过度地嵌入强关系和弱关系之中,会对其行为结果产生消极影响。戴佩华(2022)[4]在肯定强弱关系所带来的正向作用的基础上,进一步探讨发现,过分重视强网络关系容易导致企业陷入发

① SOSA M E. Where do creative interactions come from? The role of tie content and social networks[J]. Organization science,2011,22(1): 1-21.

② CHUA R Y J, MORRIS M W, MOR S. Collaborating across cultures: cultural metacognition and affect-based trust in creative collaboration[J]. Organizational behavior and human decision processes,2012,118(2): 116-131.

③ 李丹,杨建君.联结强度与技术创新模式:企业间信任的中介作用[J].科技进步与对策,2018,35(3):1-7.

④ 戴佩华.不同创新模式下集群企业网络关系嵌入研究[J].经济体制改革,2022(3):104-111.

展路径依赖,造成信息冗余。而过分重视弱网络关系容易使企业资源分散、效率降低,均不利于企业创新行为。Burt(2004)[①]在网络结构和创新进行研究时发现,"强关系"因为重复交换知识和信息,进而降低创新绩效。Perry-Smith(2014)[②]认为,个体通过"强关系"搜寻信息可能因为固化了已有的认知途径和习惯,对其创造性知识的产出产生障碍。

2.社会网络关系、商业网络关系和政治网络关系

在中国的社会结构背景下,社会普遍存在着"差序格局"的网络关系,社会主体和别人所形成的社会关系以"己"为中心,向外逐层扩展,由此形成社会关系网络中亲疏有别的关系体系[③]。随着研究的深入发展,关系网络的研究开始向其他方向延伸,如老乡关系、亲缘关系、同事关系、校友关系等各类社会关系网络,这些研究关注了企业关系网络的形成及其对企业行为等产生的影响。陆瑶等(2014)学者[④]在对"老乡关系"进行研究时发现,存在较强老乡关系的公司在兼并行为上边表现得更加积极,但企业财务风险较高。李新春等(2020)[⑤]在家族企业研究中发现,在宗族文化的影响下,家族网络在市场中有着独特优势或者成为"灰色"社会资本。吴溪等(2016)[⑥]探讨"同门模式"对审计程序的影响,

① BURT R S. Structural holes and good ideas[J]. American journal of sociology, 2004,110(2):349-399.

② PERRY-SMITH J E. Social network ties beyond non-redundancy:an experimental investigation of the effect of knowledge content and tie strength on creativity[J]. Journal of applied psychology,2014,99(5):831.

③ 费孝通. 乡土中国[M]. 北京:三联书店,1948.

④ 陆瑶,胡江燕.CEO 与董事间的"老乡"关系对我国上市公司风险水平的影响[J].管理世界,2014(3):131-138.

⑤ 李新春,贺小刚,邹立凯.家族企业研究:理论进展与未来展望[J].管理世界.2020,36(11):207-229.

⑥ 吴溪,王春飞,陆正飞.独立董事与审计师出自同门是"祸"还是"福"?:独立性与竞争—合作关系之公司治理效应研究[J].管理世界,2015(9):137-146,188.

"前同门"模式带来最严格的审计,"同门"模式则带来最宽松的审计。也有研究证据表明,网络参与者的社会网络关系产生的负向效应也容易通过彼此间的社会互动传播到整个社会关系网络的群体中,形成"社会乘数"效应。曾庆生(2014)[①]和 Berkman(2014)[②]等学者认为,与上市公司高管存在亲属关系等密切社会关系的人员出现违规交易行为的可能性较大。

商业网络关系也是企业间的润滑剂,有助于促进企业间关系的建立,降低企业交易成本。曾德明等(2015)[③]认为较强的商业网络关系可能使得关系双方有更多的情感投入和承诺水平,这促进了企业间项目合作的持续进行与深度交流。黄钟仪等(2020)[④]肯定了商业网络关系带来的同质性资源和信息的作用,由于彼此之间组织类型和利益诉求趋同更易促发企业对现有资源的重点整合使用,提升企业资源利用效率。恰恰由于商业网络中的联结对象彼此之间利益目标较为趋同,可能会导致企业陷入闭塞。Baker 和 Nelson(2005)[⑤]发现,由于嵌入了闭锁的、贫乏的商业网络,自身陷入封闭化的网络活动范围,削减了对专业化、高质量的市场和资源的获取,阻碍了新创企业的成长和发展。杨

---

① 曾庆生.高管及其亲属买卖公司股票时"浑水摸鱼"了?:基于信息透明度对内部人交易信息含量的影响研究[J].财经研究,2014,40(12):15-26,88.

② BERKMAN H,KOCH P D,WESTERHOLM P J. Informed trading through the accounts of children[J]. The Journal of finance,2014,69(1):363-404.

③ 曾德明,孙佳,何文鹏,等.基于元分析的网络强度与企业创新关系研究[J].管理学报,2015,12(1):103-110.

④ 黄钟仪,向玥颖,熊艾伦,等.双重网络、双元拼凑与受孵新创企业成长:基于众创空间入驻企业样本的实证研究[J].管理评论,2020,32(5):125-137.

⑤ BAKER T,NELSON R E. Creating something from nothing:resource construction through entrepreneurial bricolage[J]. Administrative Science Quarterly,2005,50(3):329-366.

震宁等（2013）[①]学者肯定了商业网络关系具有一定的作用，但过度嵌入则会对资源的有效获取和使用产生不利影响。寿志钢等（2018）[②]学者认为，当企业机制不公时，越强的商业网络关系越有可能放松对商业伙伴的监督和控制，导致机会主义行为的增加。

　　在市场经济体制不完善的背景下，政府在很大程度上充当着关键资源分配和信息流通的控制者身份。通过嵌入政治网络关系，企业在合法性的获取、技术转移、关键性资源的获取等方面均有着重要的影响，帮助企业实现资源协调与互补。康健（2017）[③]从组织资源获得的角度分析，企业家积极与政府构建各种关系，有助于新创企业准确把握政策脉络，识别创业投资机会。Peng（2000）[④]、Wu（2013）[⑤]等诸多学者在对企业网络关系影响研究中发现，不同规模的企业对于不同网络关系的需求存在差异，相对弱势的小企业、民营企业的企业成长更需要政治网络关系的帮助。然而，对政治关系的过度依赖可能会对企业发展产生消极影响。Sheng（2011）[⑥]在对企业政治关系影响研究中发现，企业对政治关系的过度依赖可能会对企业的创新文化发展产生不良影

　　① 杨震宁，李东红，范黎波.身陷"盘丝洞"：社会网络关系嵌入过度影响了创业过程吗？[J].管理世界，2013，（12）：101-116.

　　② 寿志钢，王进，汪涛.企业边界人员的私人关系与企业间机会主义行为：双刃剑效应的作用机制及其边界条件[J].管理世界，2018，34（4）：162-175.

　　③ 康健.资源获取视角下战略性新兴产业创新能力提升[J].科研管理，2017，38（S1）：39-45.

　　④ PENG M W，LUO Y. Managerial ties and firm performance in a transition economy：the nature of a micro-macro link[J]. Academy of management journal，2000，43（3）：486-501.

　　⑤ WU J，LI S，LI Z. The contingent value of CEO political connections：a study on IPO performance in China[J]. Asia Pacific journal of management，2013，30（4）：1087-1114.

　　⑥ SHENG S，ZHOU K Z，LI J J. The effects of business and political ties on firm performance：evidence from China[J]. Journal of marketing，2011，75（1）：1-15.

响。Li等（2014）[①]认为政治网络关系的建立和维持会带来更多的成本投入，在某种程度上造成政治网络关系在机会获取方面的效率不足。

3.其他类型

除了以上划分类型之外，学界根据不同的研究需要进行了更多类型的划分，主要的划分前提是探讨相关利益者会为企业生产经营带来不同的影响作用。基于网络关系视角，Andersson等（2002）[②]将从业务嵌入和技术嵌入两个方面探讨企业的网络关系，前者代表企业与外部供应商和客户的关系亲密度，后者则反映企业与外部利益相关者联系带来的新技术吸收能力。李鹏等（2022）[③]对国际创业企业成长进行研究，发现知识网络关系的嵌入对企业的创新投入、企业成长绩效均有积极的正向作用。苏德金和陈浙英（2022）[④]从社会网络嵌入和产业网络嵌入对国际新创企业的影响进行研究，前者帮助新创企业打破"外来者劣势"，后者则有利于解决"新进入者劣势"。

综上所述，基于网络关系视角，诸多学者对网络划分开展了研究，表4-3对以上划分方式进行简单总结。

[①] LI Y，CHEN H，LIU Y，et al. Managerial ties，organizational learning，and opportunity capture：a social capital perspective[J]. Asia Pacific journal of management，2014，31 (1)：271-291.

[②] ANDERSSON U，FORSGREN M，HOLM U. The strategic impact of external networks：subsidiary performance and competence development in the multinational corporation[J]. Strategic management journal，2002，23(11)：979-996.

[③] 李鹏，吴瑶，彭华涛.知识网络嵌入与国际创业企业成长关系研究[J/OL].[2022-07-20].科学学研究：1-19.

[④] 苏德金，陈浙英.东道国双重网络嵌入视角下的国际创业研究[J].常州大学学报（社会科学版），2022，23(3)：69-77.

表 4-3　网络关系划分

类型	作者	研究篇名	维度划分
强弱关系	Granovetter M S (1973)	The strength of weak ties	强关系:人和人之间建立的高水平情感亲密关系;弱关系:松散、不够紧密的陌生人之间的关系
	Perry-Smith J E 和 Mannucci P V(2017)	From creativity to innovation: the social network drivers of the four phases of the idea journey	
社会、商业、政治网络关系	黄钟仪、向玥颖、熊艾伦、苏伟琳(2020)	双重网络、双元拼凑与受孵新创企业成长:基于众创空间入驻企业样本的实证研究	商业网络关系:基于其业务关系构建,与供应商、客户、同行竞争对手等;支持性网络关系:与政府行政监管等部门以及银行、金融机构、行业协会、研究院所与学校等
社会、商业、政治网络关系	Fernández-Pérez V、Alonso-Galicia P E、Fuentes-Fuentes M M、Rodriguez-Ariza L(2013)	Business social networks and academics' entrepreneurial intentions	商业网络关系:工业(客户、供应商和竞争对手)和金融(非正式投资者);个人社交网络关系:家人和亲密的朋友
	刘鑫、蒋春燕(2016)	政治和商业网络关系与企业探索式创新:一个整合模型	商业网络关系:与其他企业的商业网络关系,是一种横向的组织间关系;政治网络关系:与政府等机构的网络关系,这是一种纵向的上下级关系
其他类型	苏德金、陈浙英(2022)	东道国双重网络嵌入视角下的国际创业研究	东道国社会网络:基于当地的政治法律、经济条件、人际关系、文化习俗、信息共享、技术发展等因素;产业网络:基于企业与产业的结构
	李鹏、吴瑶、彭华涛(2022)	知识网络嵌入与国际创业企业成长关系研究	知识网络关系:内外知识要素的交流和融合
	戴佩华(2022)	不同创新模式下集群企业网络关系嵌入研究	集群内部网络:由上下游企业、竞争企业、研发机构及行业协会等构成;集群外部网络:在更广阔的地理范围内接触到更高知识位势的异质性知识主体

资料来源:本研究整理所得。

（二）网络关系的影响研究

通过梳理文献发现绝大部分国内外学者的理论与实证研究都着重探讨网络关系对企业能力、竞争优势和绩效的影响作用，譬如董彩婷（2020）[①]等表示不同方面的网络嵌入可以为企业提供多种创新资源，如获取互补性技术等。韩炜等（2014）[②]指出选择适宜的网络治理机制能够促进创业网络的高效运行，提升新创企业借助创业网络获取资源的效率。袁志勇和李佳（2013）[③]指出企业家在创业过程中为了获取大量资源需要与本地政府、供应商、竞争对手等保持良好关系，同时又要通过与其先前海外的高校、科研机构等进行联系以不断学习成长。社会网络可以提升企业的创业机会识别，尹海员（2020）[④]表示创业者既需与顾客、供应商等商业网络行为主体建立良好联系以获取经济利益，又需要与社会个体成员间基于一定的社会关系而构成的相对稳定的关系网络进行信息共享、经验交流及经济援助等。

所以，本书通过文献研究将上述网络关系进一步划分为商业网络、社会网络和政治网络，其中，商业网络嵌入注重与客户、供应商、竞争者和投资者等进行合作以便顺利融入市场和获得相关经验和技术；社会网络嵌入主要是指社会个体成员间基于一定的社会关系而构成的相对稳定的关系网络；政治主要指与政府主管部门、各类金融机构等相关政

---

① 董彩婷，柳卸林，张思.创新生态嵌入和政治网络嵌入的双重作用对企业创新绩效的影响[J].管理评论，2020，32（10）：170-180.

② 韩炜，杨俊，张玉利.创业网络混合治理机制选择的案例研究[J].管理世界，2014（2）：118-136.

③ 袁勇志，李佳.企业家社会网络与初创企业绩效关系的实证研究[J].科技管理研究，2013，33（4）：175-179，185.

④ 尹海员.个体特征、社会网络关系与投资者情绪[J].上海财经大学学报，2020，22（5）：109-123，137.

府机构的关系。

1.商业网络关系的影响研究

Dubini 和 Aldrich(1991)[①]将商业网络关系定义为基于其业务关系构建的与供应商、客户、同行竞争对手等的商业网络关系。良好的商业网络关系有助于彼此之间的信任建立和对彼此的支持。先前的研究表明,环境越不确定,与同行企业的非正式联系就越有可能被调动起来。同时,以上商业网络关系也是建立企业间关系的机会,并作为一种企业间关系的润滑剂降低了交易成本[②]。谢雄标(2019)[③]认为,商业网络能够提供包括增加渠道成员之间的资源和市场情报的共享、降低交易成本以及降低合作伙伴的机会主义行为等好处,具有高商业网络关系的公司结构受益于交易成本的减少和规模经济与范围经济。温超等(2017)[④]指出,网络的不同构成维度会对创业者企业获取资源的能力产生影响,企业间网络关系的嵌入性范围越广对产品创新、企业绩效、企业竞争能力的获得具有积极正向的影响。但也有学者认为过渡商业网络嵌入对于企业绩效会有不利影响。Uzzi(1997)[⑤]指出企业商业网络嵌入性与企业的绩效呈倒 U 形关系,嵌入过度反而会影响企业的创

① DUBINI P,ALDRICH H. Personal and extended networks are central to the entrepreneurial process[J]. Jcurnal of business venturing,1991,6(5):305-331.

② 黄钟仪,向玥颖,熊艾伦,等.双重网络、双元拼凑与受孵新创企业成长:基于众创空间入驻企业样本的实证研究[J].管理评论,2020,32(5):125-137.

③ 谢雄标,孙理军,吴越,等.网络关系、管理者认知与企业环境技术创新行为:基于资源型企业的实证分析[J].科技管理研究,2019,39(23):142-150.

④ 温超,蔡莉,单标安,等.商业网络、创业战略选择对企业竞争优势的影响研究[J].经济纵横,2017,(11):53-58.

⑤ UZZI Z,BRIAN B Social structure and competition in interfirm net works:the paradox of embed dedness[J]. Administrative science quarterly,1997,42(1):35-67.

新、市场开拓等行为。杨震宁等（2013）[①]发现，网络关系嵌入过度可能导致组织产生创业认知的偏差，影响信息与资源的获取过程，网络结构空洞和密集网络对企业而言都是一种机会与威胁。

2.社会网络关系的影响研究

Wellman（1988）[②]定义社会网络，是指社会个体成员间基于一定的社会关系而构成的相对稳定的关系网络，是一种基于"网络"而非"群体"的社会组织形式。它可以为企业提供多样化的信息和资源，支持创业者利用技术、技能、社会和知识资源等开展创业活动。当前学者对于社会网络的研究已经取得一定进展，主要集中于新创企业成长、创业机会识别、创业资源获取、创新领域等方面。在创业机会识别层面，Greve（2011）[③]在研究中分析了社会网络与创业机会识别的关系，认为社会网络是创业者有效识别机会的重要推动因素。在促进新企业成长层面，黄钟仪（2020）[④]认为，商业网络关系与社会网络关系均对众创空间内新创企业成长具有正向影响，但社会网络关系的影响更强。在资源获取方面，谢雄标（2019）[⑤]通过实证研究发现企业网络关系可以帮助企业获取更多的资源进而正向影响企业管理者的环境认知，企业管理者的环

① 杨震宁，李东红，范黎波.身陷"盘丝洞"：社会网络关系嵌入过度影响了创业过程吗？[J].管理世界，2013，（12）：101-116.

② WELLMAN B，BERKOWITZ S D. social structures：a network approach[M]. City，1988.

③ GREVE A. Networks and entrepreneurship-an analysis of social relations，occupational background，and use of contacts during the establishment process[J]. Scandinavian journal of management，2011，11(1)：1-24.

④ 黄钟仪，向玥颖，熊艾伦，等.双重网络、双元拼凑与受孵新创企业成长：基于众创空间入驻企业样本的实证研究[J].管理评论，2020，32(5)：125-137.

⑤ 谢雄标，孙理军，吴越，等.网络关系、管理者认知与企业环境技术创新行为：基于资源型企业的实证分析[J].科技管理研究，2019，39(23)：142-150.

境认知又正向影响了企业环境技术创新行为。在创新领域方面,张秀萍(2017)[①]基于 CiteSpace 的可视化分析构建了创新生成环节、创新驱动环节、创新扩散环节组成的社会网络在创新领域应用的研究框架,为后来学者深入研究社会网络与创新关系的学者提供借鉴和参考。与商业网络关系一样,过度的网络嵌入都会导致组织产生创业认知的偏差,影响信息与资源的获取,对其企业绩效产生影响。

3.政治网络关系的影响研究

政府关系网络(有些研究中称为政治关系、政治战略或者政治能力)是指创业者同各级政府、官僚机构以及政府代理机构等构建的各种政府关系网络的综合[②]。通过嵌入支持性网络关系,入驻企业可以获取合法性、实现技术转移、获取经营性资源。在市场经济体制不完善的背景下,政府官员在很大程度上控制着关键资源的分配和信息的流通,企业通过与政府保持紧密联系,有利于获得关键信息、技术资源和融资优惠[③]。但现有文献关于政府关系网络同企业绩效的关系还有另一种截然不同的观点。在政府关系网络促进企业绩效的逻辑中,郑山水(2015)[④]认为通过政府关系网络企业可以获取具有公共性、垄断性特点的资源。郭剑花和杜兴强(2011)[⑤]在对政府支持进行研究时发现,这些

① 张秀萍,王振.社会网络在创新领域应用研究的知识图谱:基于 CiteSpace 的可视化分析[J].经济管理,2017,39(10):192-208.

② W D. Managerial ties and firm performance inatransition economy: the nature of a micro-macrolink[J]. Academy of management journal,2000,43(3): 486-501.

③ 刘鑫,蒋春燕.政治和商业网络关系与企业探索式创新:一个整合模型[J].经济管理,2016,38(8):68-81.

④ 郑山水.政府关系网络、创业导向与企业创新绩效:基于珠三角中小民营企业的证据[J].华东经济管理,2015,29(5):54-62.

⑤ 郭剑花,杜兴强.政治联系、预算软约束与政府补助的配置效率:基于中国民营上市公司的经验研究[J].金融研究,2011(2):114-128.

公共性、垄断性的政府资源包括优惠待遇与政治合法性、政策和产业信息、补贴和税收减免、监管资源等等,这些都有利于新创企业的生存与发展。而在政治资源诅咒效应的逻辑中,政府网络关系对于企业的发展起到消极作用。Shleife(1994)认为[①]构建大规模的政府性关系网络需要耗费大量的时间与资金,对企业产生不利影响。这些同样是新创企业稀缺的资源,时间与资金的分散将"挤出"创业者对生产经营的关注。袁建国等(2015)[②]表示,新创企业为构建紧密的政府关系网络,往往迎合政府官员绩效考核的要求,违背公司利益扩大短期产能与吸收剩余劳动力等。另外,在政府强关系庇护下,违规企业可以免受制裁,或者在产品缺乏竞争力的情况下拥有高的市场占有率[①],由此易滋生寻租与腐败等行为[③],这些都不利于创业企业的长远发展。

(三)网络关系的测量研究

关于关系嵌入的概念主要指网络内部各主体基于互惠预期而相互联系的二元性关系问题,通过彼此之间的直接联结在信息交换机制中起作用。网络关系体现了双方相互理解、信任和承诺的程度。有关网络关系的测量一般从两个方面展开,一是根据关系内涵进行测量,二是根据关系行为表现特征进行测量。

Uzzi(1997)[④]首次根据关系内涵特征将关系嵌入划分为信任、信息

① SHLEIFERA VISHNYRW. Politicians and firms[J]. Quarterly journal of economics,1994,109(4):995-1025.
② 袁建国,后青松,程晨.企业政治资源的诅咒效应:基于政治关联与企业技术创新的考察[J].管理世界,2015(1):139-155.
③ 任曙明,张静.补贴、寻租成本与加成率:基于中国装备制造企业的实证研究[J].管理世界,2013(10):118-129.
④ UZZI B. Social structure and competition in interfirm networks[J]. Administrative science quarterly,1997,42(1):37-69.

共享和共同解决问题三个维度。信任是网络嵌入关系的一个明确和主要的特征，它表达为一种信念，即交换伙伴不会为了自身利益而以牺牲他人为代价行事，并且在解释他人的动机和行为时，倾向于假设最好的情况。信息共享则是另一明显特征，它通过增加行为选择的广度和顺序及长期预测的精确度来使网络公司获益。网络嵌入使参与者能够协同功能的"即时"解决问题，包括灵活解决问题的谈判以及相互调整的程序。在 Uzzi 的基础之上，Mcevily 和 Marcus（2005）[①]从 9 个题项分别对这三方面进行测量。Guati（2007）量表题项设计相较于前者较 Mcevily 和 Marcus（2005）更为微观和细致。我国学者许冠南（2011）在[②]之前学者研究的基础上，也从信任、信息共享和共同解决问题三个维度，对网络关系嵌入进行测量，共计 11 个题项。目前，从信任、信息共享和共同解决问题三个维度对关系嵌入进行测量已经成为学术界普遍认同的一个测量方法，学者们在具体研究中根据研究视角和需要对这三个方面进行恰当修正。

Granovetter（1973）则是基于关系行为表现特征的视角，通过双方互动频率、强度、亲密度及互惠交换程度将关系嵌入划分为强关系和弱关系。之后的研究中，学者多从关系质量、关系亲密度、关系持久度、关系稳定性等方面进行测量。Marsden 等（1984）[③]选用联系紧密程度对关系强度进行测度。Peng（2000）[④]从企业与外部网络的关系进行测量，

---

①　MCEVILY B，MARCUS A. Embedded ties and the acquisition of competitive capabilities [J]. Strategic management journal，2005，26（11）：1033-1055.

②　许冠南，周源，刘雪锋.关系嵌入性对技术创新绩效作用机制案例研究[J].科学学研究，2011（11）：1728-1735.

③　MARSDEN P，CAMPBELL K. Measuring the strength[J]. Social forces，1984，63（2）：482-501.

④　PENG M W，LUO Y. Managerial ties and firm performance in a transition economy：the nature of a micro-macro link[J]. Academy of management journal，2000，43（3）：486-501.

利用关系亲密度设计 7 个题项进行关系测量。戴维奇和林巧(2013)[①]则认为关系紧密度最能代表关系强度和质量,其用关系紧密度设置 4 个题项分别对制度网络中个人或者部门的关系嵌入进行测量。魏江等(2014)[②]则设置 4 个题项,分别从本地和超本地知识应用开发网络、知识应用扩散网络的交流频率和交流持久度对知识网络嵌入进行测量。

学者们进行具体研究时对关系嵌入的内涵和维度界定有所不同,但其核心和本质却是相同的。Peng(2000)[③]和戴维奇(2013)等[④]对关系嵌入测量则是利用关系紧密度进行的。本质上讲,关系嵌入是信任的延伸,彼此联系越是紧密,则代表彼此关系距离越近,分享信息的可能性越大,越容易建立彼此信任。

(四)网络关系研究述评

网络关系研究受到学者们越来越多的关注,其理论发展较为迅速,已经与经济地理学、社会学、管理学、组织行为学、发展经济学和创新经济学等理论交叉融合,逐步形成了较完整的理论体系。基于上述的理论回顾和学者们的研究,我们可以得知:其一,网络关系的实质就是个体或者组织的经济行为与社会体系间的相互交流、促进与限制的错综复杂关系;其二,经历了多年的发展,网络关系的内涵逐渐从一般性的双边联系、多边联系,发展到网络化的复杂联系。但是,目前还存在一

---

① 戴维奇,林巧.本地与超本地制度网络、公司创业与集群企业升级[J].科学学与科学技术管理,2013,34(1):39-47.

② 魏江,徐蕾.知识网络双重嵌入、知识整合与集群企业创新能力[J].管理科学学报,2014,17(2):34-47.

③ PENG M W,LUO Y. Managerial ties and firm performance in a transition economy:the nature of a micro-macro link[J]. Academy of management journal,2000,43(3):486-501.

④ 戴维奇,林巧.本地与超本地制度网络、公司创业与集群企业升级[J].科学学与科学技术管理,2013,34(1):39-47.

些问题需要进一步突破。

第一，虽然在网络关系相关研究取得了一些公认的成果，但是还存在诸多争议。就以网络关系对企业绩效的影响研究为例，目前主要存在着以下四种观点：第一种是积极的观点，认为网络关系对企业绩效有正向作用；第二种是悲观的观点，认为网络关系与绩效存在阻碍作用；第三种是"关系嵌入性悖论"的观点，即关系嵌入性与绩效之间呈倒U形的关系；第四种是权变的观点，更具有实践意义，认为网络关系对企业绩效的作用受到情境因素的影响。因此，未来研究应该从更微观的局部着手，对复杂的联系进行细分和测量，构建更具体清晰的网络架构。

第二，从我国来看，网络关系的相关研究起步较晚，针对中国企业实践的实证分析尚不丰富。网络关系对企业的营运行为、经济绩效、竞争优势等具有重要作用，特别是在中国体制下，网络参与者主体之间的联结更是发挥出重要作用，这也是我国理论研究者有待进一步探索的领域。

第三，目前网络关系研究的研究对象一般聚焦于企业个人、企业整体、部门等，缺乏对特殊群体的研究。对于网络关系的进一步研究也是更多聚焦于企业内部的特殊结构上面，譬如产业结构、知识结构等等，从本质上没有离开企业这个泛泛的研究对象。未来我们的研究应该聚焦于具有特殊意义的人群，譬如海外华人华侨、已有工作经历进行创业者等等，探讨这些群体网络关系的构成差异及对其行为产生的差异影响机制。

三、影响创业绩效的研究综述

对于创业者而言，企业经营管理的核心目标是提高绩效水平。创业绩效作为衡量创业企业目标完成程度和创业行为实施效果的重要指标,是创业企业市场竞争优势的综合表现内容。创业绩效是指企业的一系列营运活动最终产生的结果,也是新创企业利用自身所拥有的资源来实现价值创造的一种根本性的体现。根据已有的关于创业绩效的研究,国内外越来越多学者将如何测量创业绩效及创业绩效的相关影响因素作为研究重点。本节主要阐述创业企业的特征、影响创业绩效的相关研究及其测量指标。

(一)创业企业的初期特征

创业企业是在动态变化环境下寻找市场机会所成立的处于风险不确定很高、经营方向模糊性较高阶段的组织。相较于成熟企业,创业企业在初期通常面临着"新进入缺陷"和"小规模缺陷"的考验。新进入缺陷是指企业刚进入市场,由于缺乏声誉和经验,往往与顾客、供应商等利益相关者还没有建立稳定的联系,很难从资源持有方处获得稳定的资源供应,对市场信息的了解也较为缺乏[①]。小规模缺陷通常是指创业企业的内部组织结构相对不够成熟,组织内相关的政策制度、经营流程尚未规范化,同时也表现在组织内部资源利用效率未实现高水平、高质量,难以产生经济规模效应这一方面[②]。但从另一个角度来看,创业企业拥有独特的优势,其在经营上相对更加灵活多变,不会像成熟企业那样陷入组织惯性,受经营范式的束缚。并且,创业企业在组织结构尚未固定的情况下,应对环境变化时可以较快调整组织结构适应变化。

对于在初级阶段的创业企业而言,面对 VUCA(易变性、不定性、复

---

① 李静薇.新进入缺陷理论:新企业成长研究[J].企业管理,2012(1):100-101.

② WALES W J,PATEL P C,PARIDA V,et al. Nonlinear effects of entrepreneurial orientation on small firm performance: the moderating role of resource orchestration capabilities[J]. Strategic entrepreneurship journal,2013,7(2):93-121.

杂性、模糊性)环境,要想突破"新且小"的双重局限性[①],一方面可以通过在合作的基础上整合多样化网络关系获取资源或重构资源[②],利用资源应对各种威胁,促进企业成长,在资源重构中获得新的战略机遇,不断获得与外部环境相匹配的能力,从而使企业的核心能力升级,避免"能力陷阱"。另一方面,企业的能力不能过分单一化,既要有正常经营活动中管理和调整组织关键资源的能力,也要有主动预测新市场需求,为组织提供新设计的能力。前者强调企业对内部资源的调整、外部资源的获取及对市场变化的反应[③];后者强调对新市场领域的探索能力,注重对竞争能力的更新[④],两种能力都是创业企业不可或缺的。

(二)创业绩效的影响因素研究

在创业研究领域中,众多研究表明创业绩效是多重因素共同作用的结果,而不是仅仅取决于某一单一影响因素。其中内部因素主要包括创业者(团队)特质、创业资源、创业战略和创业能力等;外部因素主要包括企业所处环境、可能的机会和市场竞争强度等。在本节中,将从社会认知视角、资源基础视角、创业生态视角和战略管理视角四个方面对上述影响因素进行归纳总结(见表4-4)。

---

① 王馨博,高良谋.互联网嵌入下的组织韧性对新创企业成长的影响[J].财经问题研究,2021(8):121-128.
② 许蓝月,董保宝.转换型领导与新创企业绩效:一个跨层次的研究[J].南方经济,2021(8):86-101.
③ 王馨博,高良谋.互联网嵌入下的组织韧性对新创企业成长的影响[J].财经问题研究,2021(8):121-128.
④ 马卫东,曹亚,游玲杰.动态能力、开拓能力与组织绩效关系研究:基于苏北地区企业的实证分析[J].湖北社会科学,2012(11):80-84.

表 4-4 创业绩效的影响研究

研究视角	作者(年份)	研究内容
社会认知视角	苏岚岚、彭艳玲、孔荣(2016),于晓宇、孟晓彤、蔡莉、赵红丹(2018),Martin Obschonka、Christian Fisch、Ryan Boyd(2017),等	主要是将创业者和创业团队作为研究对象,研究回顾创业企业能否生存和发展与创业者(创业团队)的个性特质和能力等方面有关
资源基础视角	何会涛、袁勇志(2018),赵玲、田增瑞、常焙筌(2020),Grande J、Madsen E L、Borch O J(2011),等	基于资源基础论展开深入研究,目前研究主要聚焦于资源类型、资源开发、资源整合等方面对创业绩效的影响机制,注重不同资源类型和企业能力的相互依存和互动影响
创业生态视角	吴克强、赵鑫、谢玉、汪昕宇(2021),何良兴、张玉利(2020),Michael D. Ensley、Craig L. Pearce、Keith M. Hmieleski(2005),等	主要是从宏观层面分析环境因素对创业绩效的影响,在不同情境中,譬如频繁变化的市场条件、制度政策、文化习俗等,探讨其对创业绩效的差异影响
战略管理视角	李巍、Wang Qing、杨雪程(2021),熊立、曹元坤、占小军、刘彪文(2020),Wu J、Ma Z、Liu Z(2019),等	从战略管理的角度,主要是分析创业者从环境中识别、开发利用机会,通过选择与创业环境、机会资源相匹配的战略获得创业成功,强调创业战略的选择和实施对创业绩效的影响

资料来源:本研究整理所得。

1.社会认知视角

在社会认知角度,主要是将创业者和创业团队作为研究对象,根据已有研究,创业企业能否生存和发展与创业者(创业团队)的个性特质和能力等方面相关。

一方面,动机是一个人行为的前提条件,动机驱动行为实施,同时,周围的环境、特性等各方面因素又会影响创业动机。苏岚岚(2016)[1]等认为,创业动机需求层次与创业主动性紧密相关,不同的创业动机层次

① 苏岚岚,彭艳玲,孔荣.农民创业能力对创业获得感的影响研究:基于创业绩效中介效应与创业动机调节效应的分析[J].农业技术经济,2016,(12):63-75.

在创业获得感对创业绩效的影响中发挥差异作用。张建民(2019)[①]等进行女性创业研究发现,女性创业者有些是基于现实或自身的某种困境而被动地被"推"向创业,有些是被创业过程或创业结果所吸引而被"拉"进创业行列,这在一定程度上反映了创业者的不同需求。不少学者将其分为生存型创业动机和机会型创业动机,两者直接影响创业者的满意度[②]和企业对创业机会的识别能力,并进一步影响创业绩效。芦炜(2018)[③]在研究中表明,创业动机的激发和培育有助于创业者对市场机会的识别和把握,具有机会型创业动机的创业者对于外部环境中的创业机会识别具有更加敏锐的反应。由此可以看出,机会驱动型的创业动机比生存驱动型的创业动机更能促进创业绩效。也有学者,譬如苏晓华(2018)[④],将自我效能感这一心理因素引入创业情境,它强调个体对自身能够完成某项工作或任务的自信程度,通常,创业自我效能感高,创业者对完成创业任务和扮演的创业角色会有更高的自信心,可以激发创业行为。与此同时,吴溪溪、吴南南、马红玉(2020)[⑤]认为创业者在面临困难时心理承受能力更强,积极的情绪会引导创业者克服创业活动中的潜在风险,实现风险机遇的转化可能,从而对创业绩效产生积极影响。

---

① 张建民,周南瑾.工作—家庭关系对女性创业的影响:一个理论框架[J].经济与管理评论,2019,35(3):49-60.

② 于晓宇,孟晓彤,蔡莉,赵红丹.创业与幸福感:研究综述与未来展望[J].外国经济与管理,2018,40(8):30-44.

③ 芦炜.科技创业者创业动机与新创企业绩效的关系研究[J].工业技术经济,2018,37(10):35-41.

④ 苏晓华,杨赛楠,吴琼珠,等.企业创业自我效能感、决策逻辑与创业绩效关系研究[J].南方经济,2018(10):113-131.

⑤ 吴溪溪,吴南南,马红玉.社会资本、创业自我效能感与农民工创业绩效研究:基于陕西省722份调研问卷[J].世界农业,2020(1):108-117.

另一方面,创业者作为创业企业的"守门人",其能力能够在内部和外部知识之间构建信息交互的桥梁①,在一定程度上弥补了创业企业的资源缺口,增强了创业者的环境适应力。学习能力是创业者识别与开发创业机会的重要方式之一,强调对资源、信息的搜索与获取。谢雅萍(2016)②在研究中指出社会网络为创业者提供了低成本的学习机会,不同的网络关系能够带来不同的信息,是创业者学习的关键平台,通过选择适当的学习方式来获取丰富的创业资源,推动创业活动的开展,促进创业绩效的提高。这种学习通常包括探索式创业学习和利用式创业学习,前者是通过搜索、创新的方式进行学习,主要为获得新颖、丰富的知识而改变以往固有的判断模式,是一种"追求新知"的学习,强调对知识追求的深度。后者则是通过对现有的知识、先前已经确定和可靠的行为模式进行深入挖掘,是一种"追求开发"的学习,强调对知识追求的宽度③。张文伟(2017)④在行业内外联系对创业绩效的影响研究中发现创业企业的探索式学习对创业绩效具有积极作用,而利用式学习对创业绩效具有负向但不显著的影响。

2.资源基础视角

对于任何一个企业而言,资源都是其生存与发展的前提,识别、获取、部署有价值、稀缺性、不可模仿性、不可替代性的资源是企业创造价值和实现持续性竞争优势的基础,对于企业创业行为是有价值的。资

---

① 姜诗尧.创业者"动机—能力"视角下迭代式创新机制研究[J].科学学研究,2020,38(9):1698-1705.

② 谢雅萍,黄美娇.创业学习、创业能力与创业绩效:社会网络研究视角[J].经济经纬,2016,33(1):101-106.

③ 姚柱,罗瑾琏,张显春,等.互联网嵌入、双元创业学习与农民创业绩效[J].科学学研究,2020,38(4):685-695.

④ 张文伟,赵文红.行业内外联系、创业学习和创业绩效的关系研究[J].科学学与科学技术管理,2017,38(4):162-171.

源基础论将企业当成一个组合,一个包含各种资源的组合,通过整合利用,注重不同类型的资源与企业能力的互动,提升企业的竞争优势,认为创业者可获取或利用的内外部资源是创业企业生存发展的基础。目前研究主要聚焦于资源类型、资源开发过程两个方面对创业绩效的影响机制,注重不同资源类型和企业能力的相互依存和互动影响,认为创业资源可以对创业绩效直接产生影响[①],也可以通过资源整合的方式影响企业的创新能力从而提升企业绩效[②]。

在创业研究中,网络关系既被看作是获取资源的方式,也被看作一种社会资源,创业者的网络资源是产生创业动机、获取创业资源和信息、增强企业绩效的重要来源[③]。拥有广泛网络关系资源的企业能够减少信息不对称所产生的成本,获得更多依赖路径的、互联性的资源。何会涛和袁勇志(2018)[④]在跨国创业研究中指出,创业网络具有多层次的结构特征,海外人才所拥有的海外网络关系是创业者海外留学经历以及国际研发机构或海外企业工作经验形成和维系的具有创业发展价值的网络资源,有利于其获得国际知识和国际市场经验。本地网络嵌入是海外人才回国创业过程中通过与本地制度机构和本地产业组织建立形成的经济社会联系,有利于其了解当地制度环境和商业环境从而更好地获取和利用资源,双重网络嵌入使得资源互补,从而对创业绩效的

---

① 余绍忠.创业资源对创业绩效的影响机制研究:基于环境动态性的调节作用[J].科学学与科学技术管理,2013,34(6):131-139.

② 赵玲,田增瑞,常焙筌.创业资源整合对公司创业的影响机制研究[J].科技进步与对策,2020,37(6):27-36.

③ 王海花,谢萍萍,熊丽君.创业网络、资源拼凑与新创企业绩效的关系研究[J].管理科学,2019,32(2):50-66.

④ 何会涛,袁勇志.海外人才创业双重网络嵌入及其交互对创业绩效的影响研究[J].管理学报,2018,15(1):66-73.

作用更大。同样的,王海花(2019)[①]等学者将创业网络划分为正式网络和非正式网络,认为正式网络多样性和关系强度对新创企业绩效有显著的正向影响。非正式网络规模、网络多样性和关系强度对新创企业绩效也有显著的正向影响。总的来说,创业网络是创业绩效的重要影响因素。

3.创业生态视角

创业生态论主要是从宏观层面分析环境对创业绩效的影响,在不同情景中,环境对创业绩效的影响不同,凡是那些能在竞争中得以生存下来并发展的企业都是能适应外部环境的,而被市场、被行业淘汰的企业是因为其不适应外部环境。因此,从某一方面而言,企业能否生存、生存下来的企业有多少,都与外部环境有着直接的关系。就算是在同样的环境中,频繁变化的市场条件、创业机会、制度政策、文化习俗等各方面的因素也会影响到企业的创业绩效。从制度角度而言,吴克强等(2021)[②]研究发现,政府制定的创业政策塑造了创业者进行决策的规制环境,反映了政府对企业发展的态度,会影响企业是否能够更容易获得各种要素资源,进而影响创业活动的开展。在不确定的创业环境中,政府提供的创业政策具有一定的导向性,会影响企业识别创业机会、获取创业资源的便利性。从文化角度而言,创业地的创业文化,特别是人们对于创业失败的态度构成了创业者面临的规范环境,影响创业者对待创业失败以及创业困难的态度。何良兴和张玉利(2020)[③]认为宽容的

---

① 王海花,谢萍萍,熊丽君.创业网络、资源拼凑与新创企业绩效的关系研究[J].管理科学,2019,32(2):50-66.

② 吴克强,赵鑫,谢玉,等.创业韧性对农民工返乡创业绩效的作用机制:一个有调节的中介模型[J].世界农业,2021(5):101-116.

③ 何良兴,张玉利.失败恐惧与创业抉择关系研究:宽容氛围与创业精神的视角[J].研究与发展管理,2020,32(2):94-105.

社会文化、活跃的创业氛围能够在一定程度上减少他们对失败恐惧的感知,提高个体对创业的认可度和对创业活动的信心。王重鸣(2008)[①]等学者在研究中指出不同国家环境下的领导文化和经济现实情境下,创业者的差错气氛对创业者差错取向和创业绩效的关系起不同的影响作用。

当然,企业本身就是开放的组织,是不可能只受到单一因素影响的[②]。企业的生存不仅与外部环境相关,还与企业自身的内部战略因素等也有一定的关系。这就要求企业在改革创新制度时,首先要与外部环境相匹配,同时科学地调整并改革组织结构。

4.战略管理视角

创业能够取得最后的成功与企业是否具有识别并把握住机会的能力,是否能根据市场需求及时制定发展战略,是否具有整合资源的能力,在创业过程中所采取的应对措施是否合理,针对不同环境所采用的战略是否科学等密不可分。从战略管理的角度,主要是以分析创业者从环境中识别、开发利用机会为出发点,通过选择与创业环境、机会资源相匹配的战略获得创业成功,强调创业战略的选择和实施对创业绩效的影响[③]。Sandberg 和 Hofer(1987)[④]提出创业绩效受到创业战略选择的影响,并且在创业战略选择的过程中强调创业导向的引导作用。

---

① 王重鸣,郭维维,MICHAEL FRESE,ANDREAS RAUCH.创业者差错取向的绩效作用及其跨文化比较[J].心理学报,2008(11):1203-1211.

② ALDRICH H E,FIOL C M. Fools rush in? The institutional context of industry creation[J]. Academy of management review,1994,19(4): 645-670.

③ 余绍忠.创业绩效研究述评[J].外国经济与管理,2013,35(2):34-42,62.

④ SANDBERG W R,HOFER C W. Improving new venture performance:the role of strategy,industry structure,and the entrepreneur[J]. Journal of business venturing,1987,2(1): 5-28.

林琳（2016）[①]在研究中指出创业导向中的先动性和创新性对新创企业的生存绩效和成长绩效均有显著的正向作用，而风险承担性对新创企业的成长绩效具有显著的正向作用，对生存绩效作用不显著。熊立等（2020）[②]研究发现企业创新战略在双元文化和创新绩效中直接起中介效应，通过改善企业创新战略的均衡可以提高科技型新创企业的创业绩效。李巍等（2021）[③]基于双元性理论，提出引入效率型和新颖型商业模式创新，不同类型的商业模式创新对企业的生存绩效、成长绩效和投资绩效具有不同的影响作用。

（三）创业绩效的测量

对于每一个企业而言，创业的最终目的就是实现创业绩效。检验组织战略行为正确与否的重要标准之一也是创业绩效。准确的绩效测量对于创业企业而言十分重要。如果对绩效的测量不适当、不科学，整个创业理论的发展也会受到各方面的影响。由于单一维度测量存在一定的局限性，容易导致研究结果和理论不能有效拓展，所以目前在实证研究中，对于创业绩效的测量大多是多维度、全方位的。

1.财务指标和非财务指标

从市场经济价值的角度来看，创业企业作为一个经济实体，需要创造股东价值和实现财富创造。因此，当前最常见的一种测量方法就是划分为财务指标和非财务指标。一般情况下，销售增长率、企业获利率

---

① 林琳,陈万明.创业导向、双元创业学习与新创企业绩效关系研究[J].经济问题探索,2016(2):63-70.

② 熊立,曹元坤,占小军,等.双元文化、创新战略与科技企业创业绩效:一个知识流的视角[J].管理工程学报,2020,34(2):30-39.

③ 李巍,WANG QING,杨雪程.新创企业市场双元驱动创业绩效的机制研究:商业模式创新的中介效应[J].管理评论,2021,33(3):118-128.

是衡量财务绩效中最为广泛应用的指标。具体而言,销售增长率中所包含的市场销售额增长和市场占有率增长直接与消费者群体挂钩,能够更为直观地反映市场发展趋势。企业获利率还可以进一步细分为企业投资回报率、企业资产收益率、企业销售利润率等方面的收益情况。一些学者单纯使用财务指标来衡量创业绩效水平,Covin(1991)[1]在1991年提出,测量创业绩效应该包括盈利性和成长性两个方面,其中,盈利性方面通过投资回报率、资产回报率和销售增长率等进行测量,成长性方面通过利润与销售的增长以及企业规模的增长进行测量,这些指标均为财务指标。

根据关键的财务指标可以辨别创业企业能否实现"适者生存",但是仅通过财务指标是不能全面准确地评价企业经营的真实情况的。一方面,根据企业发展阶段与获利能力的匹配性,创业企业在初期并不一定盈利,有的企业往往是在无利润甚至是负利润的状态下经营运作,但这并不能够反映创业企业没有发展前景或是缺乏获利能力。另一方面,就财务指标本身来看,它反映的是企业在过去时间段的成绩,具有静态性,无法适应环境的动态变化,不能完全代表动态环境下企业的未来成长空间。因此,这个时候如果仅仅以财务指标进行衡量显然是不合理的,是具有一定局限性的,所以往往需要结合非财务指标。Venkatraman(1997)[2]在研究中认为完整的绩效测量应该涵盖企业的三个主要方面:(1)财务绩效,包括投资回报率、市场盈利率、销售增长率等;(2)组织绩效,即组织内部所有主体的满意度;(3)运营绩效,包括产品

① COVIN J G,SLEVIN D P. A conceptual model of entrepreneurship as firm behavior [J]. Entrepreneurship theory and practice,1991,16(1):7-26.
② VENKATARAMAN S V. The Distinctive domain of entrepreneurship research: an editor's perspective//[C].proceedings of the Advances in Entrepreneurship,Firm Emergence,& Growth Jai,F,1997.

开发周期、创新速度、市场占有率等。其中组织绩效和运营绩效主要是通过非财务指标进行测量的。该绩效框架的最主要特点是针对创业企业从组织层面提出了全面绩效指标并以利益相关者的满意度作为衡量标准。财务指标和非财务指标的结合使用可以用来衡量一系列创业行为或者是一个新创企业的经营活动，以便考察创业活动的有效性。

2.生存绩效指标、成长绩效指标和创新绩效指标

对于成熟企业而言，经营的持续性和稳定性是绩效考核的侧重点，而对于创业企业而言，最首要的任务就是生存下来，然后才是成长壮大起来。生存绩效主要是指创业企业的生存状态和可持续经营能力[1]，是能够维持企业持续发展的最低经营条件。文亮和李海珍（2010）[2]通过企业生存年限/持续时间进行测量。刘晓敏（2017）[3]则认为生存绩效指标包括企业的财务盈亏、销售情况、员工忠诚度以及消费者满意度等。成长绩效需要通过企业加强内部管理进行提高，成长绩效指标在不同的研究背景下也会有所差异。何会涛（2018）[4]在双重市场导向对海外人才回国创业绩效的影响研究中认为应该在销售额增长率、利润增长率、市场份额增加率等方面与行业的平均水平作对比来衡量企业的成长绩效。寇小萱和王肖会（2020）[5]通过竞争优势和技术创新优势衡量成长绩效指标，其中竞争优势主要表现在市场份额的增长、客户增长速

---

① 何会涛，袁勇志.海外人才创业双重网络嵌入及其交互对创业绩效的影响研究[J].管理学报,2018,15(1):66-73.

② 文亮，李海珍.中小企业创业环境与创业绩效关系的实证研究[J].系统工程,2010,28(10):67-74.

③ 刘晓敏.隐性知识获取、机会能力与创业绩效[J].科技管理研究,2017,37(20):117-123.

④ 何会涛，袁勇志.海外人才创业双重网络嵌入及其交互对创业绩效的影响研究[J].管理学报,2018,15(1):66-73.

⑤ 寇小萱，王肖会.组织文化、学习能力对初创企业成长绩效的影响研究[J].经营与管理,2020(4):91-97.

度和盈利水平增长等方面,技术创新优势表现在技术创新意识、研发人员和经费投入、新产品销售额等方面。刘晓敏(2017)[①]在有关隐性知识获取与创业绩效关系的研究中,是通过公司的行业地位、新员工增长数量、市场占有率以及投资回报率等衡量成长绩效的。还划分出一个新的维度指标,通过衡量公司在新方法、新文化、新产品以及专利申请方面所做出的成果来反映创新绩效。此外也有学者通过"研发新产品销售额占总销售额比例高、申请专利(或创意)数量不断增加、专利或创意转化为新产品成功率较高"等进行创新绩效的测量[②]。

3.主观指标和客观指标

根据数据和信息的不同来源,创业绩效可以通过主观指标和客观指标来测量。所谓的客观指标通常是指真实的数据,比如销售增长率、投资回报率、现金流量、利润率和股票收益率等。这类数据较为准确,但是有可能因为涉及企业经营的内部数据而难以获得,特别是一些中小企业,一般不会公开相关的财务数据,即便是公开可获得,其是否贴合企业的发展现状、是否进行过数据修饰都有待考量。

在动态复杂的环境中,为了避免出现数据不完整、有较大测量误差的情况,在研究中通常会引入主观指标[③],主观指标较大程度上依赖于掌握定性定量信息的相关人员的经验判断,因而可能与创业领导者的个人特征有着密切的联系。刘鑫(2018)[④]等在创业个性特质与创业绩

①　刘晓敏.隐性知识获取、机会能力与创业绩效[J].科技管理研究,2017,37(20):117-123.

②　刘鑫,徐占东,曹立金.创业个性特质与大学生创业绩效的关系研究[J].中国集体经济,2018(34):137-139.

③　SMITH R. what makes a new business start-up successful? [J]. Small business economics,2000,14(3):165-182.

④　刘鑫,徐占东,曹立金.创业个性特质与大学生创业绩效的关系研究[J].中国集体经济,2018(34):137-139.

效的影响研究中,通过"创业者满意度、员工满意度、客户满意度及顾客为企业提建议"等主观指标进行测量。同时由于创业活动并非创业者单方面的行为活动,政府部门、供应商、顾客等其他行为主体都可以是企业创业活动的参与者。因此,谢洪明和程聪(2012)[①]认为应该结合"技术更新程度、社会福利增加以及创业者的感受"等主观指标衡量创业绩效。由于创业绩效内涵的不断延伸与拓展,当前更多学者倾向于结合以可获得的财务数据为主的客观指标与以社会价值创造和创业者自我满足感为主的不易直接测量的主观指标综合衡量创业绩效,较为全面地反映企业经营过程中的实际情况。

(四)创业绩效研究述评

随着创业绩效研究的不断深入,创业绩效研究已经由单一影响因素分析逐步转向更具现实意义的多因素研究,创业绩效是多因素共同作用的结果。在对企业的创业研究过程中,思考如何在经营过程中提高创业绩效是一项持续的任务。企业的创业绩效可能受到哪些因素的影响,如何去提升创业绩效,应该采取哪些具体的措施和行动,具有十分重要的现实意义。创业绩效是创业研究采用的一个主要结果变量,不同的研究往往从不同的视角来衡量创业绩效。现有相关研究主要基于社会认知论、创业生态论、资源基础论、战略适应论等视角,把创业过程所涉及的创业环境、资源、创业者及其团队、战略导向等影响创业绩效的关键因素纳入研究之中,通过构建多维的衡量方法来评价创业绩效。

但是,现有研究还存在一定的不足。其一,现有创业绩效研究过于

----

① 谢洪明,程聪.企业创业导向促进创业绩效提升了吗?:一项 Meta 分析的检验[J].科学学研究,2012,30(7):1082-1091.

碎片化,缺乏整合不同的理论来开展整合研究。每个研究视角产生的大量理论概念与研究变量,不同理论视角之间的融合与整合将更加具有发展的潜力。未来的研究可以考虑不同变量之间的交互作用对创业绩效的影响,并且随着社会创业实践的发展,还有可能提出一些新的理论研究视角。

其二,目前对于创业绩效的研究缺乏动态化的权衡。现有的创业绩效研究和影响因素研究大多停留在静态水平上,一定程度上并不能恰当地反映创业的本质过程。后续的相关研究应该动态考虑一些重要的情境因素,如环境变化、组织结构变化等权变因素,弄清在权变因素的作用下影响因素作用于创业绩效的强度与方向变化,从而使研究更加贴近创业实践,并更具有解释力和实践借鉴价值。

其三,我国的创业绩效研究应该进一步开展本土化创业绩效研究。相较于国外的创业研究,国内的相关研究处于一个起步稍晚的地位,现有许多研究都是跟着西方的理论基础,抑或研究结论是针对西方发达国家的,不一定适合我国情景。管理学研究越来越重视情境化问题,也是我国管理学者开展本土化研究应该关注的一个问题。因此,我国学者应该把中国情境因素纳入创业绩效研究,开展本土化创业绩效研究。

四、已有研究的综合述评

当今时代是一个全球化趋势日益明显的时代,不同文化、不同文明之间进行频繁的互动交流已经成为普遍现象,跨文化交流无疑是一条重要途径。新生代华侨华人作为中国移民以及后裔形成的一大群体,他们既对中华传统文化有所了解,掌握所在国的文化习俗,清楚中外文化差异,又可以熟练运用多种语言,在传承中华优秀文化以及跨文化交流中有着独特的优势。新生代华侨华人作为全球最活跃的创新创业群体之一,不仅是创新人才和关键技术的重要来源,也是国家间社会、经济、文化等多方面交流的关键枢纽,以侨搭桥、以侨引侨、以侨引外、以侨促内是双循环新发展格局建设的重要一环。

在对新生代海外华侨华人的相关研究回顾中,目前大多学者,特别是海外学者更多聚焦于新生代海外华侨华人"走出去"或者海外创业过程的相关研究,较少关注回国创业研究。Gould(1994)[①]在早期研究中证实通过侨民网络为国际贸易提供必要的市场信息,有助于需求与供给的匹配,进而促进国际贸易的发展。陈初昇(2020)等[②]针对3696家OFDI企业进行调研发现,海外华侨华人网络作为中国对外直接投资企业在东道国的重要关系网络,其网络强度必然会对中国对外直接投资企业在东道国的经营产生重要影响。随着中国经济社会的稳步发展,华侨华人顺应全球经济文化的发展掀起"走回来"的热潮,这也和文化认同、身份认同有着密不可分的关系。丁琴海(2009)[③]认为,全球化时代,既能保持自身文化,又能接纳他国文化,取其精华弃其糟粕是开放性认同的核心意义,促使华侨华人回国创业融入不同文化,对其本土化创业更有特殊优势。华人社群文化认同,是文化认同感的重要组成部分,在华人社群中有不同的分类原则,例如,社群会根据缘文化纽带分为地缘性、血缘性、业缘性、神缘性和物缘性等不同社群,每个社群都有独特的社群文化。对于新生代华侨华人来说,身份的认同是一种深层的文化心理,是一种心理归宿的诉求。华侨华人在中华文化对外传播

---

① GOULD D M. Immigrant links to the home country: empirical implications for US bilateral trade flows[J]. The review of economics and statistics,1994:302-316.

② 陈初昇,王玉敏,衣长军.海外华侨华人网络、组织学习与企业对外直接投资逆向技术创新效应[J].国际贸易问题,2020(4):156-174.

③ 丁琴海.论全球化时代的文化认同[J].国际关系学院学报,2009(2):51-57.

中发挥出积极作用,是传播的主力军,华侨华人圈子中语言的使用、生活文化习俗都保持着从内心基本都认为自己属于中华民族,只是认同程度存在差异。最重要的是,新生代海外华侨华人更多看重的是回国创业所带来的经济效益,独特的海外网络关系为其回国创业提供了独特的资源,帮助其最终实现创业绩效的提升。不论是基于情感需求还是经济利益,新生代海外华侨华人选择回国创业的动机总有一定的差异性,不同的创业动机也对创业者的网络关系资源选择和配置产生影响。

就网络关系视角而言,新生代华侨华人的创业公司自然会嵌入东道国海外华侨华人网络之中。目前已有的网络关系研究更多关注的是泛泛的创业者、创业团队和企业整体,忽视了新生代海外华侨华人独特的海外网络关系。在国外多年的生活经历和学习经历,使华侨华人们有着先进的科学水平和思想理念。特别是在一些高科技领域,华侨华人拥有国际水平的科研成果、先进的管理模式和理念,能为国内企业带来现代化经济元素,先进的管理经验和海外工作经验,拓展企业国际化视野。正如何会涛和袁勇志(2018)[①]认为,通过国外网络开展国际知识学习,海外网络嵌入对于海归企业的持续成长具有重要作用。不仅如此,国内学者关于创业绩效影响因素的研究主体以企业为主,其次是围绕农民、大学生以及海外人才等创业者。有关海外华侨华人回国创业的文献大多只是对我国的人才引进、经济提升、文化传播等方面的定性研究,关于回国创业绩效研究较少,且研究因素缺少有机联系。

综上,本研究从新生代海外华侨华人的海外商业网络和海外社会网络出发,通过对新生代华侨华人的回国创业情况进行定量调查,探讨

---

① 何会涛,袁勇志.海外人才创业双重网络嵌入及其交互对创业绩效的影响研究[J].管理学报,2018,15(1):66-73.

两种网络的异质性及其对回国创业绩效的影响机制。华侨企业在海外网络中所能获取的社会资本越多,对回国创业的促进作用越大。同时因为有"共同的愿景",也使得企业来自不同渠道的社会资本增多。本研究进一步引入创业动机和文化差异作为调节变量,探讨其对新生代华侨华人回国创业过程产生的影响作用。

第五章　理论模型和研究假设

一、新生代华侨华人海外商业网络关系对其回国创业绩效的影响

新生代海外华侨华人在海外所建立的商业网络关系可以为其回国创业提供商业支持和经济基础[1]。新生代华侨华人的海外商业网络关系指的是基于商业合作，新生代华侨华人创业者与海外的供应商、客户、同行竞争对手等构建的契约式商业合作关系[2]。随着现在组织之间关系变得日益复杂，市场信息呈现出了"关系型信息"特征，市场信息的传播与扩散越来越依托创业者及其团队的商业往来关系，导致陌生企业之间的信息摩擦与处理成本变得很高，因此商业网络关系在市场信息搜寻中的作用越来越重要[3]。市场信息摩擦成本的存在，在创业初期一定程度上束缚了企业对新商业关系的开拓，从而导致回国创业的新

---

[1]　高洋,薛星群,葛宝山.机会资源一体化、网络关系与创业绩效[J].科学学研究. 2019,37(12):2211-2221.

[2]　SHENG,ZHOU,LI. The effects of business and political ties on firm performance: evidence from China[J]. Journal of marketing. 2011,75(1): 1-15.

[3]　JOHANSON J,VAHLNE J E. The Uppsala internationalization process model revisited: from liability of foreignness to liability of outsidership[J].Journal of international business studies,2009,4:1411-1431.

生代华侨华人更多依赖于海外商业网络关系①。不仅如此,海外商业网络关系丰富了企业市场情报获取和机会识别的质量,减少了投入的时间,从而得以准确、有效地实施。因此,本书主要从市场信息沟通、利益风险共担、知识协同三方面来探究海外商业网络关系对其回国创业绩效的影响机制。

首先,回国创业的新生代华侨华人和海外商业网络关系成员基于利益共同体的关系,积极地去进行市场信息沟通,帮助深入分析和了解国内市场需求,进而促进回国创业绩效。回国创业的新生代华侨华人面对中国这一新市场环境,往往难以及时获得有关客户背景与市场需求、供应商质量等关键信息,并且也无法准确对分散的市场信息进行识别与鉴定。新生代华侨华人的海外商业网络对其快速开启归国创业事业产生促进作用。作为与其有过商业合作的利益相关者,海外商业网络关系成员希望回国创业的新生代华侨华人可以取得乐观的结果,并且自身可以在其中获得一定利益。因此,海外商业网络关系愿意积极为其提供稀缺的、难以模仿的异质性资源,为企业培养和提升竞争优势奠定基础。Alon 等(2011)曾对 12 名成功的创业案例进行研究分析,发现海归创业者通过与海外建立联系和获取知识,将国外的成熟想法引进中国,从而实现创新②。不仅如此,在企业创业初期,出于对创业收益的乐观预期,海外商业网络关系不仅愿意与新生代华侨华人建立合作关系,也愿意帮助其扩展合作关系,以提升创业绩效。很多企业之间并不存在直接的业务往来,但会通过彼此的商业网络关系(例如客户、

---

① 包群,但佳丽.网络地位、共享商业关系与大客户占比[J].经济研究,2021,56(10):189-205.

② ALON I,MISATI E,WARNECKE T,et al. Comparing domestic and returnee female entrepreneurs in China:is there an internationalisation effect? [J]. International journal of business and globalisation,2011,6(3):329.

供应商)产生潜在的间接商业联系。通过商业网络的链接作用,企业潜在的商业脉络越扩散,则越有可能通过网络关系成员的"引荐"效应来寻求新合作机会①。在错综复杂的商业网络体系中,海外商业网络关系通过投资新创企业拓展自身人脉关系和增加潜在收益。与此同时,来到新市场环境的新创企业借助自身熟悉的海外商业网络关系成员的帮助来实现前期商业交易的完成,帮助新创企业起步,促进企业的绩效实现,提升共同收益。

其次,企业通过海外商业网络关系在帮助新生代华侨华人解决初始资源获取和利用问题的同时,网络关系成员也帮助其分担了部分商业风险。企业可以通过多样化的渠道和形式在国际分工与要素配置中实现利益最大化,并开拓互利、互惠、互动的广阔空间,增强自身竞争力,也分担资本风险②。其一,对于新创企业来讲,前期需要大量的资本投入,需要一定的资本基础来帮助企业创建和存活,是企业的生存根基。对于新生代华侨华人回国创业,他们的创业活动带有一定的跨国性质,所需要的前期投入和资金预想都要更高一些,创业资金对他们而言有着关键的影响作用。海外商业网络提供的相对稳定的资金链为新生代华侨华人回国创业提供了坚实的基础,为创业者进行创业活动创造了条件。其二,基于追求经济利益的目的,海外商业网络关系成员可以与回国创业的新生代华侨华人建立新的合作关系,企业合作关系对回国创业绩效有显著正向影响③,帮助其风险共担。新生代华侨华人回

① BERNARD A B,MOXNES A,SAITO Y U. Production networks,geography,and firm performance[J]. Journal of political economy,2019,127(2):639-688.

② 何会涛,袁勇志.海外人才跨国创业研究现状探析与未来展望:基于双重网络嵌入视角[J].外国经济与管理,2012,34(6):1-8.

③ 廖成林,仇明全,龙勇.企业合作关系、敏捷供应链和企业绩效间关系实证研究[J].系统工程理论与实践,2008(6):115-128.

国创业一定不单单只有故乡情怀,利益的驱动对于他们的回国创业行为产生着决定性的作用。海外商业网络关系正是曾经彼此之间商业合作,共同追求经济利益而联结在一起的网络关系,因此网络关系成员在面对有利可图的商业项目时很可能会产生建立合作的想法,新生代华侨华人创业者也切实需要可靠的合作伙伴一同风险共担。与具有一定合作基础的商业伙伴建立合作关系,接受其对公司的投资,不仅使得创业者面对新市场环境动荡、资金回流等等方面的不确定性时有着更强的承担能力,也提升面对未知风险的承担能力。不仅如此,如果商业伙伴所从事行业与新生代华侨华人的创业行业属于同一类型的行业,那么合作方所提供的商业资源与企业具有更高效的资源适配性,彼此之间的战略协同性强,能够促进企业实现绩效[1]。

最后,新生代华人华侨作为"中间桥梁"的作用,为回国创业的复杂性提供了相应的知识平台,知识协同性更强,促进了企业创业的进行。知识协同是企业在动态过程中,通过企业内外部关系,寻求异质性知识进行知识交流的组织战略方法。新生代海外商业关系中的高层次人才彼此之间的知识异质性则成为企业集思广益的原点,驱动企业创新发展[2]。回国创业的新生代华侨华人将较为先进的管理理念以及国际化的商业资源带回国内进行模仿,促进企业采用更为高效和新颖的运营模式,加速企业的创业进程。这些国际化的商业资源需要一定的知识转化能力才可以尽快地具有现实意义的商业价值,新生代华侨华人的海外合作伙伴彼此之间的知识构架水平都处于较高水平,更有利于彼

① PAIK Y,WOO H. The effects of corporate venture capital,founder incumbency,and their interaction on entrepreneurial firms' R&D investment strategies[J]. Organization science,2017,28(4):670-689.
② 姜海宁,李鹏程,段怡冰,胡晨晖.业缘对环渤海地区海外高层次人才回流格局影响[J].世界地理研究,2022,7:1-15.

102

此之间的知识交流和合作。新生代海外华侨华人群体明显的一个特征就是知识背景较为三富，所处群体的文化资本较为丰厚，彼此之间的知识协同性高，以达到企业绩效最大化的目的[①]。

综上所述，从新生代华侨华人的海外商业网络出发，回国创业者具有良好的海外商业网络关系可以为其创业活动提供具有时效性、国际性的市场信息和经验，帮助新创企业分担资本和经营风险，并且为企业带来优质的知识资源，对其回国创业绩效产生积极的促进作用。

基于此，本研究提出如下假设：

H1：海外商业网络关系对新生代华侨华人回国创业绩效具有正向作用。

二、新生代华侨华人海外社会网络关系对其回国创业绩效的影响

人是一切社会关系的总和，社会关系并不是两个人之间的简单线性关系，而是指不同群体之间的互动[②]。海外社会网络关系一般是指组织或者个体与中国境外的社会主体之间的特定联结关系[③]。本书的海外社会网络关系主要包括新生代华侨华人在海外的父子、母女、兄弟姐妹等有血缘关系的社会关系，以及在海外生活交流中建立起来的社会关系，例如朋友、同学、师生等社会情感而形成的社会关系。对于新生代华侨华人来说，他们久居国外，在他们生活中发挥着重要作用或者占

---

① KARLENZIG W. Tap into the power of knowledge collaboration[J]. Customer interaction solutions，2002，20(11)：22-23

② 刘娜.海外学者对中国社会关系网络的研究[J].青海社会科学，2014(2)：77-83.

③ 杨隽萍，于晓宇，陶向明，李雅洁.社会网络、先前经验与创业风险识别[J].管理科学学报，2017，20(5)：35-50.

据重要部分的就是海外社会网络关系,即华侨华人在海外发展、生活、工作等过程中与他人、其他群体建立的非正式社会关系的总和。费孝通(2012)在《乡土中国》中提出,中国传统社会有一张复杂庞大的关系网,人熟是一宝[①]。新生代华侨华人回国创业往往需要各类资源支持,在国内相关资源缺乏的情形下,创业者不得不依赖海外社会网络来获取各种创业资源。华侨华人在海外社会网络关系的重要作用不仅仅在于情感上与资金上的帮助,还包括对商业关系的加强。也就是说,"亲友圈"经常被用来锁定"商业圈"[②],通过非正式社会机制促进商业交易的完成。新生代华侨华人回国创业初期,面临一些阻碍和困难是不可避免的,例如市场信息不对称、资源与国内市场不匹配、启动资金不充足等问题。相关研究已经发现,社会网络能够为创业者提供各种资本、技术和劳动力,有助于创业活动的开展[③]。

首先,海外社会网络关系拓展了新生代华侨华人的人脉关系,人脉关系中的高知阶层为新生代华侨华人提供了更加高层次和更加前沿性的信息,助力了创业领域的价值提升和市场地位领先。一方面,在海外社会网络关系的嵌入下,回国创业者相比本土创业者拥有着更加优质的资源,新生代华侨华人能够结识更高层次的人群,为他们回国创业挖掘更深层次的创业信息与创业经验。因为新生代华侨华人的生活背景与海外经历,他们可以接触到更为国际化、多元化的生活圈和社会圈,所以他们可以接收到更多优质的信息资源,结识更多的国际精英人才。新生代华侨华人的海外社会关系网络成员大多接受了良好的教育,还受到国外环境的熏陶,对于一些前沿技术了解得更加清晰透彻,有助于

① 费孝通.乡土中国[M].北京:北京大学出版社,2012.

② 刘娜.海外学者对中国社会关系网络的研究[J].青海社会科学,2014(2):77-83.

③ ALEJANDRO PORTES. Introduction: the debates and significance of immigrant transnationalism[J]. Global networks,2001,1(3).

获取国际市场中的潜在信息。对于部分回国创业的跨国企业来讲,高端信息的获取更有利于企业进行科技化创新和国际化经营,促进新创企业更快地进入运营以及和海外市场的衔接。在一定程度上,海外社会网络能为新生代华侨华人在创业困难阶段给予前沿的海外信息,以便于快速获得战胜困难的方法,减少企业初建时的试错成本,进而促进创业绩效的早日实现。另一方面,新生代华侨华人在海外可能处于"社会边缘人"的尴尬境地,海外华人社会网络的建立帮助他们在海外的适应与生活,帮助他们脱离了在海外初步生活的窘迫境地,让新生代华侨华人获得了"患难见真情"的一份美好情谊。因此,对于新生代华侨华人回国创业,他们也同样提供了一份独特的情感支持与资金支持。这部分海外社会网络深谙回国创业发展的路径、资源以及信息,实时掌握了海内外市场的敏感信息与潜藏信息。因此,新生代华侨华人回国创业能从华人社团中的一部分海外社会网络关系中获得更加准确的创业信息与创业资源。

其次,新生代群体的思想活跃,创新能力强。相互间的思想碰撞和能力协同不仅能够帮助新生代华侨华人在回国创业时提升市场探索效率,相互间的知识和技术溢出也能够更好地提升其回国创业过程中的思维和技术创造力。代昀昊等(2020)[1]研究指出,新生代华侨华人的海外背景能够有效促进创业创新行为。创新还是企业发展的重要动力和主导力量,相较国内的人才来说,国外的人更加具有创新精神,他们的思维更加活跃,在创业过程中能够发挥新创企业的学习优势,加速各方知识的学习过程,更快地将先进的知识信息变现,进而克服外来者劣势。因此,回国创业的新生代华侨华人能够从海外社会网络关系中获

———————————
① 代昀昊,王砾,孙晓伟.高管团队海外经历与企业创新[J].金融学季刊,2020,14(4):23-59.

得更加丰富多样的创业路径和创新想法,还能提升企业整体的创新能力,有效促进企业发展。回国创业的新生代华侨华人在海外的经历不仅能在国内展现创新竞争优势,而且在国外的社会网络关系还能扩大这一竞争优势,提供更多、更好、更前沿的创新思想,不断更新创业的创新思维,从而不让创业者在创业过程中迷失自我,一直保持经济发展的领头者的身份。增强海外社会网络关系的连接作用还可以克服网络知识资源的黏滞性,降低成本,有助于新生代华侨华人创业企业从国外获得网络知识资源,同时推动企业与海外社会之间的知识流动,帮助企业获得镶嵌在海外社会间的关键资源,提升企业的创新能力,降低企业搜寻关键资源的成本[①]。

最后,在中国"关系"社会的大背景下,海外社会网络关系中的父辈和同辈关系会给予新生代华侨华人更多的创业支持,其中包括情感支持、信息资源、人脉资源,帮助其扩展国内的关系网络,助力创业进程。一方面,新生代华侨华人回国创业可能会得到老一辈华侨华人的鼎力支持,这大大提高了他们回国创业的创业信心,进一步激发了他们的创业热情。一部分老一辈的华侨华人虽然早早地远离祖国在海外发展,但是他们依然保留着"落叶归根"的思想,对于祖国的爱国情怀也没有因为距离的原因而有一分一毫的减少,这种"根"的牵绊也转化为对于子女回国发展的一份期待。基于这种情怀,新生代华侨华人的父辈将为他们回国创业提供极大的情感支持与物质支持。另一方面,在海外社会网络中,不仅仅是父辈、长辈的支持对于新生代华侨华人回国创业很重要,同辈之间给予他们回国创业的支持有着更加强烈的影响。因为同辈之间在民族基因特性和同文化基础上,建立了更加稳固的信任

① 尚航标,田国双,黄培伦.海外网络嵌入、合作能力、知识获取与企业创新绩效的关系研究[J].科技管理研究,2015,35(8):130-137.

关系,因此,这种信任关系给予他们回国创业更大力量和信心。总的来说,海外社会网络关系给予新生代华侨华人回国创业在感情上的支持,很大程度上能让新生代华侨华人提高创业自信,激发创业激情。换言之,研究发现,社会网络关系还可以帮助人们改变不利的处境,解决所面临的问题①。对于新生代华侨华人回国创业来说,在创业初期所遇到的各方困难也可以利用海外社会网络关系来摆脱不利局面。其中的父辈与同缘的情感信任是相对牢固和稳定的,能够给予创业者更加强烈的情感支持,从而通过增加创业激情与创业信心正向激励企业绩效。

综上所述,海外社会网络关系为回国创业的新生代华侨华人提供了极大的帮助,包括高知阶层的资源帮助、具有更活跃的创新思维,以及主要的情感支持等方面。这些帮助让新生代华侨华人回国创业可以更好地过渡发展,从而建立新的人际关系网络,降低管理成本,更好地促进企业发展,对回国创业绩效产生积极作用。

基于此,本研究提出如下假设:

H2:海外社会网络关系对新生代华侨华人回国创业绩效具有正向作用。

三、创业动机的调节作用

新生代华侨华人回国创业动机对新企业创建有着重要的影响作用,创业动机作为创业过程的一个重要驱动因素②,也是创业研究的一个重要研究领域。资源是新创企业在创建阶段和前期发展中最重要的

---

① COHEN S, WILLS T A. Stress, social support, and the buffering hypothesis. [J]. Psychological bulletin,1985,98(2).

② TIMMONS J A,SPINELLI S, Tan Y. New venture creation: entrepreneurship for the 21st century[M]. New York: McGraw-Hill/Irwin,2004.

因素之一,在不同的创业动机的驱动下,创业者对于资源的选择、配置等等会产生影响。本书所指的创业动机是根据新生代华侨华人回国创业需求,通过创业行为达成特定愿景与目标的内驱动力,不同的创业动机直接对创业过程产生差异化影响[①②③]。全球创业观察(2001)把创业动机分为发展型创业和生存型创业[④]。其中,发展型创业指的是创业者识别和利用机会而主动进行的创业,希望得到更高层次的发展和个人价值的提升。基于发展型动机的回国创业者一般在海外已经取得了一定的成就,有一定的创业经验和资源的积累,对未来的规划有一定的方向。生存型创业指的是创业者因为没有其他更好的工作机会而被迫进行的创业^⁵,以确保正常的生产生活,他们在创业过程中可能受到资金、资源等因素的限制。基于生存型动机的回国创业者一般在海外的生存空间有限,发展受到限制甚至是阻碍,海外没有大量有效的可利用资源。因此,本节从新生代华侨华人回国创业动机——生存型动机和发展型动机两个角度探索其在海外网络关系和回国创业绩效之间的调节效应。

(一)生存型动机的调节作用

新生代华侨华人在海外的工作背景、个人关系、商业合作等决定了

---

① 仲伟仁,王亚平,王丽平.创业文化对创业者创业动机影响的实证研究[J].科学学与科学技术管理,2012,33(9):160-170.

② 段锦云,王朋,朱月龙.创业动机研究:概念结构、影响因素和理论模型[J].心理科学进展,2012,20(5):698-704.

③ CARSRUD A, BRäNNBACK M. Entrepreneurial motivations:what do we still need to know?[J]. Journal of small business management,2011,49(1):9-26.

④ 刘斌,辛伟涛.互联网是否会激活机会型创业?:基于创业动机视角的实证研究[J].经济评论,2020(5):98-108.

其所拥有的商业网络关系,同时也决定了可能获得的创业机会信息[①]。在对创业者动机的相关研究中,一些学者将创业动机分为"推"的因素和"拉"的因素。其中,"推"的因素与当前的不利形势有关,是使得人们不得不改变现状的动机,是一种"被动的反应",即生存型动机。在这种动机的驱动下,新生代华侨华人的创业活动对于海外商业网络关系可以提供的机会信息筛选将会特别重视,海外商业网络关系对其创业活动所提供的各种帮助也会产生一些差异变化。

其一,从风险规避程度来看,生存型创业者害怕承担创业失败的风险,通常选择规避较高风险,其创业者的创业行为谨小慎微,无法充分利用资源,最终导致企业成活率低和未来发展前景堪忧。一方面,生存型动机的创业者通常把"金钱""利润"等这些经济要素放在首要位置,其创业目的并不见得带有崇高的个人价值追求,有些创业者甚至仅仅是为了填饱肚子或养家糊口,因此这部分人回国创业惧怕风险和失败[②]。生存型导向的新生代华侨华人更加关注如何快速用最小的成本获得最大的利润,他们在营运上相对保守。为了规避更多的创业风险,创业者对海外资源的要求相对较高,并且会花很大的时间成本以获取所谓"最佳"资源,无法对海外商业网络关系所提供资源进行充分的利用。另一方面,以生存型创业为主的创业者大多是一群自主性、创业能力较低并且风险认知水平较高的群体,创业本身对于他们就是一件极具挑战性和风险性的事情,因此他们的创业行为会更加谨小慎微,难以发挥出海外资源的最大价值。同时,生存型创业者对于创业成功的信

---

① 刘兴国,沈志渔,周小虎.社会资本对创业的影响研究[J].中国科技论坛,2009(4):102-106.

② 魏江,权予衡."创二代"创业动机、环境与创业幸福感的实证研究[J].管理学报,2014,11(9):1349-1357.

念也不够坚定,从而其也没有较高水平的自我效能感①。在该模式下,回国创业者会审慎回国海外合作企业的业务运作模式和战略决策等,希望通过模仿示范经验来降低自己的失败风险和不当操作。这些种种的风险恐惧、失败恐惧、自我效能感不足使得回国创业者不能很好地利用海外商业网络关系所提供的资源,限制了自身的创业行为。

其二,生存型动机下,海外商业合作伙伴对于未来经济回报的预期并不乐观,投资意愿将会降低,进而降低海外商业网络关系的帮扶力度。生存型动机更多的是受外在动力所拉动的创业动机,包括生活需要、失业保障等等,这不仅仅可以反映创业者个人对于自身在海外所处的生存环境的无奈选择,也能反映出海外商业网络关系成员对创业者帮助的力度有限,并且对其能力的认可度并不高。海外商业网络关系对于利益相关者的选择和资本的投入归根到底都是对经济利益的追求,因此,海外商业合作伙伴对于华侨华人回国创业活动没有一个乐观的结果预期,并不抱有积极态度。不仅如此,哪怕基于以往的合作情谊,海外商业网络关系成员愿意为其提供帮助,但是可能仅仅是一些小小的资源支持,具有重要影响意义的投资行为可能较少,对其回国创业的投资意愿较低。

其三,生存型动机下,新生代华侨华人创业初始资源相对缺乏,对于自己可接触到的海外商业信息和资源,无法自由选择,会影响创业意愿和创业激情。回国创业者在先前海外工作中积累了一定的顾客知识、服务知识、市场知识等共同筑成了创业者的"知识仓库"②,可以供其

---

① 李志刚,韩爱华,王水莲,赵琳.生存驱动型女性裂变创业的模式分类研究:基于扎根理论方法的探索[J].研究与发展管理,2020,32(5):139-151.

② SHANE S,VENKATARAMAN S. The promise of entrepreneurship as a field of research[J]. Academy of management review,2000,25(1):217-226.

在其中进行资源选择和创业机会选择。有研究表明,生存型创业活动在日常生活中是普遍存在的,以行业进入壁垒低、经营风险低、规模经济不突出等为主要特征①,这种创业类型可以帮助创业者解决当下的生存困境、实现自我雇佣。因此,生存型动机下的回国创业者由于其拥有的"财富"较少,受到创业成本的影响比较明显,为避免失业或重大损失通常从事一些技能要求比较低、规模比较小、维持生存的行业。新生代华侨华人只能在自己的本不富裕的"知识仓库"中进行深度的筛选,没有资本可以让他自由地运用海外商业资源,也没有底气可以让他再次地进行试错行为。特别的一点是,新生代华侨华人群体及其海外网络关系具有一定的新颖性,并且与国际接轨,虽然可以接触到更多高科技行业的讯息,但是高新技术行业属于行业壁垒高的,他们缺乏可以利用的资本和能力,即使本身具有强大发展潜力的可用资源,但由于自身的种种生存局限,在生存驱动下无法充分利用海外商业网络关系所提供的资源,一定程度上打击其创业积极性,阻碍其创业行为。

综上所述,海外商业网络关系对于新生代华侨华人回国创业所伸出的各种援助之手均会因为其对未来收益的合理预期而产生波动。生存型动机驱动下回国创业的新生代华侨华人,其自身成长空间有限、能力有限,既不能更好地满足海外商业伙伴持续合作的利益需求,也不能为自身提供强大的内在支持,并不能对已有资源进行高效、全面的利用。

基于此,本研究提出如下假设:

H3a:生存型动机在海外商业网络和新生代华侨华人回国创业绩效之间产生负向调节作用。

---

① 郭必裕.我国大学生机会型创业与生存型创业对比研究[J].清华大学教育研究,2010,31(4):70-73.

中国是一个"人情社会"和"熟人社会",这使得中国社会形成了以关系的亲疏远近为基础的差序格局,人脉关系因此也成为在中国创业成功与否的重要因素①。特别是对于那些在海外遭遇生存瓶颈的新生代华侨华人,他们回国创业很大程度上都需要从海外社会网络关系中获得初创帮助。受生存型动机的驱动,海外社会网络关系对于回国创业者及其创业行为可能产生不算积极的预期。因此,本节从海外社会网络关系的信息交流、社会信任、共同解决问题能力方面探讨生存型动机在其中所产生的影响作用。

首先,基于生存型动机,新生代华侨华人自身及其海外社会网络关系的质量缺乏实用性,彼此间的信息交流以及海外对创业活动所提供的资源帮助等缺乏可用性。生存型动机下的新生代华侨华人回国创业本就是为了解决基本的生存需求,一定程度上反映出其在海外的生存遇到一定的困难,并且其海外社会网络关系并不能为其解决所遇到的生存难题。海外社会网络关系的帮扶力度有限,彼此之间的信息交流作用、融资帮扶作用等等都不足,人力资本和专业知识匮乏,对新生代华侨华人回国创业无法提供有用的帮助。一方面,生存型动机下的回国创业者较难从海外社会网络关系中获取高质量的技术或人力资本作为创业的初始资源。人力资本可以影响个人成为企业家的可能性②,技术可以影响新创企业竞争优势的建立。然而,生存型动机驱动下的回国创业者在海外的社会网络关系一般无法为其提供比较优质的人力资本和专业性较强的技术资本,新创企业无法获得急需且重要的创业初始资源。另一方面,即使海外社会网络关系成员尽己所能提供的大量

① 任胜钢,高欣,赵天宇.中国创业的人脉资源究竟重要吗?:网络跨度与信任的交互效应研究[J].科学学与科学技术管理,2016,37(3):146-154.

② 王庆.生存型与机会型创业研究综述[J].合作经济与科技,2021(16):94-95.

的人力、技术、信息等资源,这些资源对于新生代华侨华人回国创业活动的利用效率比较低,增加了其信息筛选成本和时间成本。海外环境都不能满足新生代华侨华人的生存诉求,可以反映出海外社会网络关系更大程度上为创业者提供的是情感陪伴,在人力、技术、信息等具有经济效用的资源方面是有所欠缺的。海外社会网络关系成员出于情感愿意为其提供帮助,贡献自己已有的资源,然而资源缺乏可用性,对于创业活动来讲效用性不强。

其次,基于生存型动机,新生代华侨华人在海外的发展不顺畅,在这种情况下选择回国创业,海外社会网络关系成员对其自身创业能力和回国创业活动的成功率的信任度会下降,对其情感支持力度会有所下降。生存动机驱动下的回国创业在一定程度上是一种被动创业,创业者受诸如职场人际关系冲突、失业以及事业重挫等不利因素的驱动而进行的创业行为。在这种情景之下,新生代华侨华人似乎除了自我创业没有更加好的选择[①]。自我效能是个人层面的一种心理状态,代表个体推测和评估自己有无能力去完成预定目标或任务的信心[②]。在生存型动机下,回国创业的新生代华侨华人自我效能感会下降,亲人、朋友、同事等等海外社会关系成员对其创业活动的信心降低。从心理学视角出发,海外社会网络关系成员的行为模式受其行为态度、主观规范和知觉行为控制的综合影响[③]。这些关系成员抱着对其回国创业的消极态度,同样认为是不得已的创业行为,影响其对新生代华侨华人的情

---

① GREENBERGER D 3,SEXTON D L. An interactive model of new venture initiation[J]. Journal of small business management,1988,26(3):1-7.

② 齐乐,陶建平,万文宇,等.金融科技进步与农户机会型创业动机:抑制还是促进[J/OL].[2022-08-15].农业技术经济:1-20.

③ AJZEN I. The theory of planned behaviour[J]. Organizational behaviour and human decision processes,1991,50(2):179-211.

感表达,使其通过各种行为或者语言都表现出不信任。身边人的态度会使新生代华侨华人感知不到充分的情感认同,降低其创业激情,进一步降低其创业自我效能,对其创业绩效的提升具有一定的阻碍。

最后,基于生存型动机,海外社会网络关系成员自身能力有限,在新生代华侨华人回国创业遭遇困境的时候,海外社会网络关系为其提供的帮助有限,与创业者共同解决问题的能力不足。回国谋求生存的创业者自身的基础资源有限,并且自身可利用的融资渠道和知识技能等的缺乏使得新生代华侨华人更加依赖较为信任和稳定的海外社会网络关系①。而其海外社会网络关系的专业性和经济实力也有限,所提供的资源具有一定的局限性,无法迅速为其提供效用性强的解决办法。不仅如此,浓厚的人情文化和社会关系也会加重回国创业的新生代华侨华人及其海外社会网络关系的精神负担与经济负担②。中国讲究"义"字当头,特别是在一个人遇到困难的特殊时刻,其身边关系的亲近成员一般有着特别热情的帮助意愿,但却由于自身的能力局限导致无力帮助,不仅仅是回国创业者具有沉重的人情负担和困境压力,而且海外社会网络关系成员同样有着精神负担与经济负担,这反倒会造成双方的沟通窘境和问题处理障碍。

综上所述,生存型动机驱动下回国创业的新生代华侨华人自身在海外的各方面发展遭遇障碍,所处的海外社会网络关系并不能为其提供具有影响力的生存帮助。在这种情况下,海外社会网络关系也不能为其提供实用性高的人力、信息、技术资源,不能高效地帮助创业者渡过难关,并且关系成员也无法对回国创业活动产生强烈的积极预判,这

---

① 董静,赵策.家庭支持对农民创业动机的影响研究:兼论人缘关系的替代作用[J].中国人口科学,2019(1):61-75,127.

② 董静,徐婉渔,张瑜.我国农村创业企业绩效的调查研究:人情关系与"规范化"经验的影响与互动[J].财经研究,2018,44(1):20-32.

些都对海外资源在创业进程中发挥作用产生了阻碍作用。

基于此,本研究提出如下假设:

H3b:生存型动机在海外社会网络关系和新生代华侨华人回国创业绩效之间产生负向调节作用。

(二)发展型动机的调节作用

发展型动机下,新生代华侨华人已经在海外积累了一定的创业成就,为了实现更大的商业成就或者追求自身社会价值的实现,新生代华侨华人选择回国创业,即基于发展型动机回国进行创业。发展型动机是指创业者在生存型动力下催生的更高层次的创业追求,目的是实现创业者的自我价值,让企业有更高的利益回报。在发展型创业动机下,创业者具有一定的经济实力、创业经验、人脉关系等等丰富的初创资源,并且自我效能感较高,对创业活动具有积极态度。从企业知识理论来分析,创业企业不仅需要资源获取,更需要形成企业知识增长与创新机制。以发展型动机为驱动,海外商业网络关系对回国创业者的创业态度、资源帮助等等有着不同的反应,进而影响企业的创业活动。与传统商业关系相比,现在的企业与客户、供应商等利益相关者的商业往来越来越呈现出高度网络化特征[①],因此海外商业网络关系成员对新生代华侨华人回国创业的动因有着密切的关注和了解,发展型动机驱动的回国创业行为更能刺激商业伙伴的乐观预期。

一方面,在发展型动机下,出于对未来利益的乐观预期,海外商业网络关系成员更愿意施以援手,促成更多的合作关系。发展型动机更

多的是受内在动力所拉动的创业动机,包括成就感、信心、自主意识等等①,这不仅仅可以反映创业者个人对创业行为的信心,也能反映出海外商业网络关系成员对创业者已有成就和能力的认可。因此,海外商业网络关系成员对于华侨华人回国创业持积极态度,营造出更为浓郁的支持性创业氛围。不仅如此,出于对新生代华侨华人回国创业的积极预期,海外商业网络关系成员也更愿意为其提供一定的帮助,促进更多的合作关系以达到互惠共赢的结果。海外商业伙伴对其未来经济收益的积极预期促使创业者海外网络关系的持续建立及深化,促使创业者以较低的成本与多样化的主体建立连接,有利于海外资源的获取。

另一方面,新生代华侨华人在自身有一定的经济和技术基础的情况下选择回国创业发展,其自身的风险承受能力更强,对所有资源的容纳度更高,促进了海外商业网络关系中异质性资源的吸收,使得其可以探索出更多的潜在机会和信息资源。其一,从风险承担的角度来讲,拥有发展型动机的创业者能够承担较大的营运风险。发展型创业有着较高的风险和不确定性,进而对创业者的人力资本和社会资本水平提出了更高的要求。其中,人力资本指的是在创业方面的知识、技能或经验的积累,社会资本指的是在创业方面的网络水平②。海外商业网络关系恰恰可以为新生代华侨华人提供丰富的人力资本和社会资本。因此,在发展型动机下,回国创业者更有方向性地从海外商业网络关系中获得相应的资源,进而提升企业抵御风险的能力。其二,从机会选择的角度来看,Abbey 和 Dickson(1983)在研究中发现成就动机与开发创新机

---

① BARBATO R,DE MARTINO R,JACQUES P H. The entrepreneurial motivations of nonemployer entrepreneurs[J]. New England journal of entrepreneurship,2009.

② 刘斌,辛伟涛.互联网是否会激活机会型创业?:基于创业动机视角的实证研究[J].经济评论,2020(5):98-108.

会数量成正相关①,也就是说拥有发展型动机的创业者拥有更多的选择。企业有更多的资本去尝试,创业者自身有更高层次的追求,这些共同造就了新创企业更有可能去开发海外商业网络关系中的创新资源,开辟与本地市场不一样的新业务和市场领域,生产全新性能的产品,开辟新的服务模式。

此外,新创企业在有一定技术和资金基础的前提下,对于投入高、回报周期长的知识性资源更放得开手脚,更可能发挥出海外商业网络关系中这类资源的效用。发展型动机下的创业者在自我实现、社会认同等方面可能渴求获得更多的成就感,并不主要通过盈利来获得创业成就感。在这种导向下,新生代华侨华人创业者可能更倾向于在创业的过程中把握市场机遇,实现自身理想和目标,而并非单纯追求财务回报。创新是发展型创业的重要特征②,所以创业者对于知识性资源的研发投入会更加重视,期望得到更高层次的产品。新生代华侨华人及其海外商业网络关系群体有着知识性资源丰厚的特点,正可以为其提供这些技术含量高的发展性资源,进而促进创业者对海外资源的吸收。不仅如此,在发展型动机的驱动下,创业者不仅重视企业的创新能力,而且会引导企业更多的探索行为。新生代华侨华人感知创业过程的未知程度越高,越容易激发其探索的积极性,增强其创业活动的挑战欲与成就感③。新创企业产生更多的探索行为,则使其更加主动积极地去开发海外商业网络关系中的可用资源,帮助其拓展更多的市场。

---

① ABBEY A,DICKSON J W. R&D work climate and innovation in semiconductors [J]. Academy of management journal,1983,26(2): 362-368.

② ECKHARDT J T,SHANE S A. Opportunities and entrepreneurship[J]. Journal of management,2003,29(3): 333-349.

③ 史容,殷红春,魏亚平.创业机会感知与创业动机对创业意向的影响:基于潜在科技型创业者的中介效应模型[J].北京理二大学学报(社会科学版),2016,18(5):105-110.

综上所述,当新生代华侨华人在海外具有一定的资金、技术、经验等基础条件,甚至已经取得了一定的成就,想要实现更高层级的个人价值和经济追求,萌生了以发展型动机为驱动的回国创业动机时,海外商业网络关系成员更相信其创业成功的可能性且乐于施以援手,企业的风险承担能力更强,各种资源的吸收和容纳度都更高,更能从海外积极汲取创新性资源以谋取更进一步的发展。

基于此,本研究提出如下假设:

H4a:发展型动机在海外商业网络关系和新生代华侨华人回国创业绩效之间产生正向调节作用。

具有发展型动机的新生代华侨华人拥有高资产、高知识层次,还有丰富的网络关系,故在发展型创业动机的驱动下,回国创业的新生代华侨华人及其企业不仅具有更好的成长性,而且在提高就业水平、促进经济发展等宏观方面具有重要的影响,而且发展型创业可以在一定程度上反映出创业的升级。海外社会网络关系提供的情感支持、协同合作以及资源帮助对回国创业绩效都有正向的激励作用。回国创业者的发展型动机将从扩大知识和技术溢出边界、明确的创业方向以及促进海外社会网络关系成员与创业者之间更为强烈的情感信任,帮助新生代华侨华人细化和优化海外社会网络关系,进而促进了海外社会网络关系对回国创业绩效的积极作用。

首先,在发展型动机的驱动下,企业扩大了社会影响力,提升了国际知名度,能够吸引海外社会网络关系积极提供更优质的高层次人才和海外社会资源,知识与技术边界不断得到扩大,极大地降低了搜寻成本,从而能用低成本创造高效益。其一,发展型动机下,回国创业让现有的企业规模进一步扩大,继而促进了海外社会关系的拓展,增加了企业在海外的声誉和社会影响力,获取到更加广泛的海外社会支持。其二,发展型动机刺激了海外社会网络关系层次与广度的延伸。愈加丰富的海外社会网络关系增加了建立社会弱关系的可能性,在原有的海外社会网络基础上不断扩大其"亲友圈",拓宽了创业者的知识与技术边界,从而不断增强对创业绩效的积极影响。因此,他们还可以获得更多异质性海外资源,降低企业搜寻成本,能够让创业者以低成本收获优质资源。总而言之,在发展型动机下,为企业提升国际知名度打出前奏,有利于海外社会网络关系的扩大,从而为产品和企业获得更多的海外社会资源与社会信息,降低获取海外资源的运营成本,从而以资源优势形成外部优势,企业得以持续健康地成长。知识与技术边界的拓展也可以帮助创业者发散思维,以便于在更多的领域发挥信息资源优势与海外社会网络优势。故发展型动机让海外社会网络关系与海外社会资源形成了双向良性循环,深化了海外社会网络关系对创业绩效的积极影响。

其次,在发展型动机驱动下,创业者希望自己控制人生,实现更大的自身价值,有较明确的方向和强烈的自主思维,这驱动创业者优化社会网络关系质量,从而促进资源快速的调整与整合。高质量的海外社会网络关系的活跃创新思维,还能帮助创业企业适应快速变化的外界环境。随着企业的发展,发展型动机不断丰富创业者的海外社会关系,不断扩展的新关系提高了社会网络的多样性,为了建立稳定且有效率海外社会网络关系,企业必须对海外资源进行调整与整合。Rizzo(1996)指出,资源整合对于企业发展具有重要作用。实施有效的资源整合,才能实现企业自身的核心竞争力。一方面,基于发展型动机,新生代华侨华人对于资源的选择更加有方向性。对于海外社会网络关系所提供的信息资源,创业者不能全盘接收,而是要筛选出优质的社会网络关系加以利用,并将其提供的资源进行有效率的分离与整合,得到对于企业进一步发展真正有用的部分,最大程度地展现所获资源的利益价值。另一方面,具有一定发展规划的回国创业者可以将海外社会网络关系所提供的外部资源与企业的内部资源的相互结合,进而快速产生全新的资源结构,突破企业原有的竞争优势。在发展型动机的驱动下,新生代华侨华人不断优化海外社会网络关系,促进海外资源的整合,进一步提高创业绩效。创新能力对于企业发展至关重要,新创企业通过海外社会网络关系的活跃创新思维和经验帮助其快速有效地优化企业的创新能力。海外社会网络关系不仅提高了企业整合资源的能力,还进一步延展了企业在发展中的创新思维。

最后,从社会信任视角来说,基于发展型动机的创业活动提升了海外社会关系对新生代华侨华人创业成功的信任度,从而海外社会关系的亲人、朋友、同事等等会进一步相信新生代华侨华人创业成功的可能性,进一步激励新生代华侨华人回国创业的创业激情。在创业过程中,新生代华侨华人的发展型动机,在一定程度上反映出他具有一定的经济基础以及经验积累,以更大的发展目标,更好地回国去扩大企业规模,因此发展型动机使得新生代华侨华人在海外社会网络关系中有着更高水平的信任度。第一,社会信任能够提升海外社会网络关系成员对新创企业发展的心理预期与心理安全感,身边的亲缘关系会更相信创业成功的可能性,进而加大对其回国创业的情感支持力度,促进创业者的创业激情。第二,情感信任能够激发新生代华侨华人分享创业经验和开展协作的意愿,提高从海外社会网络关系中得到更多机会的可能性,进而促进企业的创新能力,提升绩效。彼此情感信任的不断加持可以促进彼此之间的信息沟通和资源分享,使得创业者可以更高效地从海外社会网络关系中汲取创业资源。第三,即便在创业者发展遇到困难时,发展型动机也可以提升海外社会网络关系成员对其成功渡过难关的信任感,更愿意与其共渡难关。发展型动机能够帮助新生代华侨华人获取海外社会网络关系更高的社会信任度,而较高的社会信任度为新生代华侨华人提供了较高的心理资本。这种心理资本也为新生代华侨华人的进一步发展提供了强大的内生动力,从而拥有乐观的心态去面对拓展创业规模的风险与不确定性。因此,在发展型动机下,海外社会网络关系对新生代华侨华人回国创业行为具有较高的认可度和信任感,创业者对海外社会网络关系也有着天然的情感依赖和信任,在这种双向信任的良性互动中,新生代华侨华人拥有更多的支持和依靠。

综上所述,发展型动机表明新生代华侨华人在国外已经有了较良好的发展态势,更多的海外亲属对他们创业的信任,让他们对于回国创业有了更高的热情。发展型动机也能帮助新生代华侨华人拓展海外社会网络关系,提升其创办的企业的国际知名度,提高企业获取海外资源的可能性,而外部资源与内部资源的更好整合,可以帮助企业获得持续发展的竞争优势。

基于此,本书提出如下假设:

H4b:发展型动机在海外社会网络关系和新生代华侨华人回国创业绩效之间产生正向调节作用。

四、文化差异的调节作用

文化作为影响因素对经济发展产生着直接的影响,同样对新创企业发展及创业绩效产生着影响。文化差异是指回国创业的新生代华侨华人所要面临的中国本土文化与侨居国文化之间的差别。文化差异会产生"外来者劣势",即文化差异会阻碍信息传递、生产要素流动,产生文化交易成本,影响企业工作效率,从而影响到创业绩效,并降低企业投资经营的吸引力,相较于本土企业自然而然地会产生劣势。新生代华侨华人及其海外商业网络关系成员的经济行为均嵌于特定的文化环境中,会直接影响社会成员的人际互动和经济决策[①]。在商业活动中,经济学家很早就关注到文化对商业行为、企业经济发展的重要影响,Aghion 和 Howitt(2009)在研究中指出,文化可能对经济增长产生最根本的影响作用[②]。中国和侨居国之间的文化差异导致市场环境差异,影响海外商业网络关系对新生代华侨华人回国创业的风险评估、收益评估等等,从海外所获取的资源等也可能产生不同程度的不适应,从而对新生代华侨华人回国创业活动产生不利影响。

首先,中国和侨居国之间存在不同程度的文化差异,文化差异越大,海外商业网络关系资源与中国市场环境存在的文化冲击,或是逆向文化冲击就越严重,从而造成海外资源与国内本土市场的不兼容。由于中国和侨居国之间的民族、经济、职业、哲学以及其他各种文化中所存在的差异,造成两国市场环境、商业规则等的差异甚至是冲突。当一种文化的规范准则扩张到另一种文化的领域时,一定程度的文化冲突就会凸显出来,而文化规范的冲突必然导致行为规范的冲突。与此同时,从文化匹配论的研究视角来看,两地之间基于文化距离可能产生文化差异,不同文化间客观存在的文化距离会衍生出群体内文化偏好和群体外文化偏见[③]。因此,文化差异较大的双方更不容易达成对先前知识经验的共识,新创企业难以更有效地识别海外商业网络关系溢出的先进技术、管理方法和营销经验等,企业很难高效地进行消化吸收。另

---

① DIMAGGIO P. Culture and cognition[J]. Annual review of sociology,1997,23.

② AGHION P,HOWITT P W. The economics of growth[M]. Cambridge,Massachusetts:MIT Press,2009:184,204-205.

③ TAJFEL H,BILLIG M G,BUNDY R P,et al. Social categorization and intergroup behaviour[J]. European journal of social psychology,1971,1(2):149-178.

外,在海外开放市场环境中运营企业的华侨华人已经形成较为直接的思维模式。而中国是一个人情社会,难免存在"搞人情""开后门"之类的不公平、不透明的社会现象,商业活动中的"潜规则"也在一定程度上客观存在,这使得很多习惯了国外市场制度的海外资源无法融入中国市场[①]。因此,在文化差异的影响下,不论是规范准则的冲突,还是群体内的文化偏好或偏见,均会使得海外商业网络关系所提供的资源不能与国内的市场环境进行融合,阻碍了海外商业网络关系对回国创业绩效的正向作用。

其次,中国和侨居国两地文化差异越高,未知市场的不确定性越强,海外商业网络关系可能出于对投资回报的考量,对新生代华侨华人提供的支持力度降低。中国和侨居国的文化差异越大,不论是中国的新创企业,还是海外商业网络关系成员面临的外部不确定性都越高。新生代华侨华人回国创业则是以"外来者"的身份进入国内的新市场,面临一定的劣势,这些劣势部分来源于文化冲击下的高不确定性[②]。这种不确定性包含着海外商业网络关系对于信息摩擦、交易风险、收益预期等等的评估,进而影响了其对新生代华侨华人回国创业的帮扶力度和看法。文化距离一定程度上代表了文化差异,杜健等(2021)[③]在研究中发现,伴随着文化距离的扩大,跨国企业自身的整合风险和外部制度、资源获得等不确定性风险随之增大。文化差异也是导致两地交易费用等成本上升的重要原因,较高的文化差异意味着海外与新创企业

---

①　曹善玉.对有关华人高技术新移民政策的评述及建议[J].江西社会科学,2012,32(1):186-191.

②　逄嘉宁.董事会跨文化敏感度对企业海外并购持股策略的影响:基于国家文化差异的视角[J].社会科学战线,2020(4):258-263.

③　杜健,鲁婧,金易,等.破解OFDI建立模式中的"文化距离悖论":注意力的调节作用[J].浙江大学学报(人文社会科学版),2021,51(1):111-128.

的前期沟通和了解成本都相对较高,存在较大且无法控制的交易风险[①]。利益相关者在对新生代华侨华人进行投资或者提供帮助的时候,在更有力的文化环境里愿意承担更多的机会成本[②],出于自身的利益考虑,这些潜在的成本风险对其行为产生一定的影响,譬如缩减对回国创业者的资金投入或者项目投资等等。与此同时,两种不同的文化发生了交叉和互动[③],存在文化适应的一个过程。然而文化适应可能导致消极的心理结果,使得海外商业网络关系成员对于新生代华侨华人回国创业成功的预期值产生一定的怀疑,进而缩减对其的资源和情感帮助。因此,不论是出于对潜在风险的考量,还是对其创业结果的怀疑,文化差异越大,对海外商业网络关系产生的影响越大,一定程度上阻碍了海外商业网络关系对其回国创业绩效的积极作用。

最后,海外华侨华人回国创业一般都是从复制型创业开始的,由于两地的文化差异,很难进行一比一复刻,新创企业存在本土适应性问题。研究表明,文化环境是创业生态系统的基础性要素,文化差异与适应性已成为影响新生代华侨华人回国创业的重要因素,对于其跨国创业来讲更是有着重要影响[④]。对于一个新创企业来讲,"模仿者"的角色在行业生命周期的早期阶段是最活跃的[⑤]。面对新的国内商业市场,新

① 赵甜,焦勇.文化差异与创新效率:基于中国上市公司 OFDI 数据的研究[J].山东社会科学,2021(12):145-151.

② 张慧玉,杨俊,张玉利.基于随机抽样调查的外地创业者特征及其创业过程解析[J].管理学报,2015,12(2):240-251.

③ HUNT E N,MARTENS M P,WANG K T,et al. Acculturative stress as a moderator for international student drinking behaviors and alcohol use consequences[J]. Journal of ethnicity in substance abuse,2017,16(3):263-275.

④ 王春超,尹蓉娟.创业文化环境与创业行为:以"一带一路"沿线主要国家为例[J].经济科学,2018(5):118-128.

⑤ GORT M,KLEPPER S. Time paths in the diffusion of product innovations [J]. The economic journal,1982,92(367):630-653.

生代华侨华人的创业选择更多的是利用曾经已有的资源或者商业模式更有把握地进行创业,通常为复制型创业。新生代华侨华人群体的思维模式与处事风格会受到侨居国文化环境的影响,导致他们在回国创业初期与国内合作伙伴在思维观念或做事方式上可能存在差异[①]。因此,回国创业的新生代华侨华人及其从海外携带回来的商业资源在使用过程中存在一定的不适应性,难以完成高效复制,甚至产生更多的成本投入。对于海外商业网络关系所提供的资源等,需要时间成本或者更多其他成本去进行资源部署以适应市场,可能导致回国创业的进程被延缓。文化差异对企业国际化经营和回国后的创新发展有着不容忽视的影响作用。文化差异会提高海外商业网络与国内市场之间的交流和沟通成本,容易产生"文化歧义",抑制海外资源发挥其最大效用[②]。

综上所述,文化情境是企业或创业者的外部条件,为组织行为和态度提供一定程度的约束[③]。中国和侨居国(母国和所在国)之间的文化差异将会导致海外资源与市场的不兼容、海外商业网络关系成员对国内市场的风险评估、海外资源适应成本提升等等,这些均可能影响资源发挥其最大效用,阻碍创业进程更为顺利地进行。

基于此,本研究提出如下假设:

H5a:文化差异在海外商业网络关系和新生代华侨华人回国创业绩效之间产生负向调节作用。

---

① 何会涛,袁勇志.海外人才创业双重网络嵌入及其交互对创业绩效的影响研究[J].管理学报,2018,15(1):66-73.

② 连立帅.对外直接投资、产权性质与过度负债[J].上海财经大学学报,2019,21(6):111-127.

③ JOHNS G. In praise of context[J]. Journal of organizational behavior,2001:31-42.

不同的地貌、气候条件、社会环境往往孕育着不同的文化,即"一方水土养一方人",新生代华侨华人回国创业不仅意味着地理位置的变化,同时还体现为文化环境的变化①。来自不同国家的文化差异会导致跨国家、跨文化的投资合作过程需要更多的摩擦成本。因此,在不同的社会文化背景下,双方对于社会权力距离、价值观点等等的认知差异,影响其行为效果。

其一,中国和侨居国两地社会文化、习俗等的差异越大,海外社会网络关系帮助其解决困难和共渡难关所能提供的帮助越有限,信息效用性越小。事实上,久居在外的新生代华侨华人的思维模式已经受到侨居国思维模式的深入影响,海外社会网络关系同样也是如此,当他们回国发展时通常会遭遇"文化理念融合难"的困难②。特别是在新生代华侨华人回国创业遇到困难时,由于地理距离,海外社会网络关系很难第一时间提供有效的帮助。不仅如此,两地的文化差异使得海外社会网络关系成员并不能切身理解和体会回国创业者所遇到的问题,以至于提供的大量的信息等资源的实用性不强。两地的文化差异会影响海外社会网络关系成员与创业者之间的信息交流③。Anderson 和Gatignon(1986)在相关研究中表明,文化差异较大将导致较高的信息费用④。海外社会网络关系成员可能出于帮助支持的心理向回国创业者积极提供各种资源,导致创业者被大量的信息所包围,并且无法

---

① 金江,李郸.文化差异会影响创业吗?:基于中国劳动力动态调查数据的实证研究[J].研究与发展管理,2020,32(1):146-156.

② 马占杰.逆向文化冲击与海外华侨华人回国创业意向[J].科学学研究,2022,08:1-16.

③ 金江,李郸.文化差异会影响创业吗?:基于中国劳动力动态调查数据的实证研究[J].研究与发展管理,2020,32(1):146-156.

④ ANDERSON E,GATIGNON H. Modes of foreign entry:a transaction cost analysis and propositions[J]. Journal of international business studies,1986,17(3):1-26.

及时、高效地利用信息,进而减少对海外社会网络所提供资源的
关注。

其二,中国与侨居国对于权力距离的文化认知差异,对海外社会网
络提供资源的效用性产生直接影响。权力距离是指社会中地位低的人
对于权力在社会或组织中的不平等分配的接受程度,各个国家由于对
权力的理解不同,在这个维度上存在着很大的差异①。根据 Hofstede
文化维度数据库数据,中国在权力距离维度上的得分为80,也就是说我
国对于不平均的权力分配有着较高的接受程度,权力的约束力度较大。
首先,海外社会网络关系成员相比权力更看重个人能力的文化背景,而
国内由于体制的关系,更注重权力的约束力。新生代华侨华人回国创
业很多是在海外事业的基础之上进行的,需要与海外的员工等社会关
系成员保持联系。在组织中,海外社会网络关系成员更多的是不注重
地位的高低,在遇到问题时,大多采用协商的方式来处理。而在国内的
组织中,受体制的约束,权力比较集中,下级对上级的依赖性比较强。
在这样的文化背景差异下,双方的企业管理模式和员工工作模式存在
较大差异。从跨国管理的角度看,因权力距离的接受程度差异而使得
海外同事、员工关系与新创企业中国员工在工作的沟通交流过程中出
现一定障碍,而且员工的思维和表达方式的差异,容易造成生长在不同
文化背景下的员工之间共事存在阻碍,难以培养团队精神,导致跨国资
源交流效率降低,管理难度加大。考虑国内与国外对权力距离的不同
接受程度,海外的社会网络关系和资源很可能得不到充分利用,资源有
效性也得不到最大限度的发挥。

其三,海外更推崇个人主义,国内更推崇集体主义,海外社会网络

---

① 崔国东,程延园,赵镨,等.工作使命感与抑制性建言:工作心理所有权和权力距离
的作用[J].经济与管理研究,2022,43(7):132-144.

关系为回国创业者所提供的国内人脉关系可能更注重族群关系,族群文化可能导致企业发展路径固化,不利于创业进程。根据 Hofstede 文化维度数据库数据,中国在个人主义和集体主义倾向维度上得分为 20,说明中国本土更注重集体主义,注重对集体的忠诚和一致。西方文化源于古希腊文化,古希腊文化的代表亚里士多德认为,人是"理性的个体",所以西方人更多地没有传统的集体主义观念,他们更加推崇个人主义[1]。而中国文化经过长期历史沉淀,受到儒家文化思想的深刻影响,推崇的是谦逊、内敛、家族荣誉等人格特质,催生了集体主义价值倾向。新生代华侨华人在回国创业的过程中,利用海外社会网络获取的关系和资源,是建立国内社会网络关系的首要选择,虽然在这些关系和资源的帮助下,他们可以获得一定的发展,但是集体主义的影响会使得回国创业的新生代华侨华人受限于本土的族群文化。在集体主义盛行的国内,国人更加注重集体关系的构建,要求个人对族群要忠诚,且牢固的族群关系可以给人们以及企业持续的保护。这种族群文化的发展会导致企业的发展路径固化,创业者与强关系网络(即族群网络)互动越频繁,网络成员间的相似性就越高,所提供的信息就越具有同质性和冗余性,从而产生"路径依赖"[2],更加不利于异质性的信息资源流入内部。不仅如此,在中国社会的熏陶下,国内企业倾向于"以和为贵",用谦虚、温和的态度与利益相关者进行交易往来,而在文化差异下,这样的处事行为可能会被认为是虚伪或是不积极的,在部分海外社会网络关系进行持续投资时留下负面的印象[3],不利于部分海外社会网络关系

① 刘思静.中国集体主义与西方个人主义价值观之对比[J].文教资料,2017(6):94-96.

② 陈初昇,王玉敏,衣长军.海外华侨华人网络、组织学习与企业对外直接投资逆向技术创新效应[J].国际贸易问题,2020(4):156-174.

③ 程泽强,周利梅.文化距离对我国对外直接投资的影响研究:基于 G20 国家面板数据模型[J].商学研究,2021,28(6):65-75.

持续输送资源帮助。

　　综上所述,在海内外对于权力距离的认知差异与价值观念的文化背景差异影响之下,新生代华侨华人在利用海外社会网络关系的时候受到了不容忽视的影响,在国内的高权力距离、集体主义文化背景之下,海外社会网络所带来的关系和资源未必能够让回国创业绩效得到提高和保证。

　　基于此,本研究提出如下假设:

　　H5b:文化差异在海外社会网络关系和新生代华侨华人回国创业绩效之间产生负向调节作用。

五、本研究的理论建构模型

　　随着国际形势的变化和我国综合国力的增强,部分新生代海外华侨华人选择回国进行创业发展。相较于本国人的初创企业,海外网络关系是新生代华侨华人所创立的新企业获取信息和资源的重要抓手。海外网络关系不仅为新生代华侨华人创业者提供了情感支持,而且提供了把所需资源由"外部"转变为企业内部资源的渠道,创业者和创业企业必须广泛地利用创业网络获取必要的资源和信息,以弥补资金、经验和信息非常有限的劣势。因此,本书就对海外华人华侨的海外网络关系进行叙述,将研究思路具体化,从社会网络、商业网络双重网络关系构建研究框架,认为海外社会网络关系和海外商业网络关系对其回国创业绩效均起正向作用。

　　动机是激发和维持新生代华侨华人创业者进行活动,并导致创业活动朝向某一目标的心理动力,是构成创业者大部分行为的基础[①]。创业动机能激发新生代华侨华人有意识地关注创业信息、搜寻创业机会、整合创业资源。也就是说,创业领域或创业时机可能具有偶然性,但创业行为的发生却具有一定的必然性,支持这种必然性的就是创业动机[②]。一直致力于研究创业与经济增长关系的全球创业观察项目早先明确将创业动机区分为机会型和生存型创业,即本书的发展型和生存型动机。尽管生存型创业和发展型创业是两种不同的创业动机,但它们对创业成功同等重要。因此,本书从生存型动机和发展型动机两个角度分别探讨其在海外网络关系与回国创业绩效之间的调节作用,提出了生存动机在海外社会网络、海外商业网络与回国创业绩效之间均会产生负向调节作用;发展型动机在海外社会网络、海外商业网络与回国创业绩效之间均会产生正向调节作用。

文化作为一个重要的影响因素对经济发展产生着直接影响,同样对企业发展及企业绩效产生着影响。来自不同国家的文化差异会导致跨国家、跨文化的投资合作过程需要更多的交易成本,不少企业会基于成本考虑选择文化差异较小的国家或地区进行投资合作。对于新生代华侨华人而言,长期在海外成长、生活使得其对文化差异的感知更加敏感,而回国创业势必受到文化因素的重要影响。因此,本书分析了海内外文化环境的内在差异对创业活动产生的影响,探讨文化差异在海外网络关系与回国创业绩效之间的调节效应,认为文化差异在海外社会网络、海外商业网络与回国创业绩效之间均起负向调节作用。

---

① WEINER B. An attributional theory of achievement motivation and emotion[J]. Psychological review,1985,92(4):548.

② 刘美玉.创业动机、创业资源与创业模式:基于新生代农民工创业的实证研究[J].宏观经济研究,2013(5):62-70.

　　基于上文的理论分析和相关研究假设的提出,本书构建了如图 5-1 所示的理论研究模型。

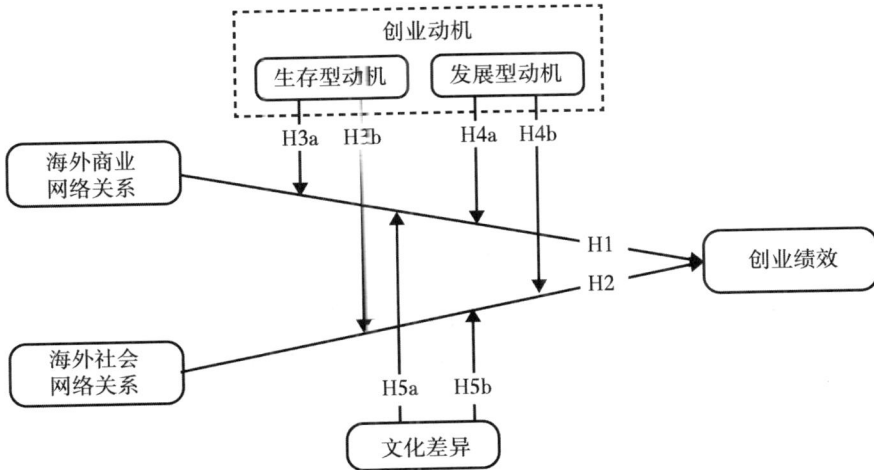

图 5-1　理论研究模型

第六章 研究设计

本章基于前一章所提及的理论模型以及相关研究假设进行实证研究设计。由于本书的研究对象是回国创业的新生代华侨华人,很难采用公开渠道的二手数据进行实证研究,因此,本书将采用学术界较为常用的问卷调查法搜集相关的样本数据。以下将从问卷设计、预调研、变量测量、问卷构成以及分析方法等方面对本书的研究设计进行详细的介绍,具体的问卷内容详见附录一。

一、问卷设计

(一)问卷的设计步骤

问卷设计是实证研究的基础,是搜集相关数据的渠道之一。本研究需要测量的变量包括:新生代华侨华人的海外商业网络关系、海外社会网络关系、生存型创业动机、发展型创业动机、文化差异以及创业绩效。通过公开渠道搜索,我们仅获得文化差异的二手数据,其余所涉及变量均无法在公开渠道中获得合适的二手数据。对此,本研究采用了目前国内外较为常用的问卷调查法,搜集回国创业的新生代华侨华人的相关数据,以检验本研究在前文中所提出的研究模型以及一系列的研究假设。

　　本研究参考了 Gerbing 和 Anderson(1988)[①],陈晓萍、徐淑英和樊景立(2008)[②]等学者的建议,通过如下步骤对问卷进行合理的设计:

　　(1)为了确保最终收集到的数据质量,我们通过阅读大量的国内外文献,查找符合本研究相关变量的成熟量表。对此,本研究除"文化差异"这一变量以外,其他所涉及变量的测量均参考国内外权威期刊已发表的量表,且使用得到广泛验证的成熟量表,以确保研究变量最终具有较高的信度与效度。

　　(2)由于本研究的部分变量参考的是国内外权威期刊文献中的测量题项。为避免在翻译过程中出现语句含义上的偏差以及翻译错误等问题,本研究采用倒译法对各变量进行了翻译,即先邀请一位精通中英文翻译的学者将现有英文题项翻译成中文,而后再邀请另外一位同样精通中英文翻译的学者,将先前学者从英文翻译到中文的题项再次翻译成原始语句(英文)。最终根据两份翻译的比较,请两位学者就其中不一致的地方进行讨论、分析与修改,直至两人达成共识后,该变量的测量题项方得以初步确定。

　　(3)在初步完成所涉及变量的相关测量题项后,我们邀请了从事海外华商研究的两位教授与三位副教授,根据文中各变量的概念界定,从理论上对各测量题项做了细致的筛选和补充工作。

　　(4)为了保证正式问卷的问题能够更加清晰、准确地呈现给被调查者,我们通过厦门市委统战部的帮助,对 5 位回国创业的新生代华侨华人进行了线下的座谈与访问。结合他们回国创业的实际情况,对问卷

---

　　① DAVID W GERBING,JAMES C ANDERSON. An updated paradigm for scale development incorporating un_dimensio_ality and its assessment[J]. Journal of Marketing Research,1988,25(2).

　　② 陈晓萍. 组织与管理研究的实证方法[M]. 北京:北京大学出版社,2008.

中涉及的部分测量题项的语句表达进行了适度的调整与合理的修改，从而形成本研究问卷的初稿。

（5）通过以上四个步骤形成问卷初稿后，为了避免本研究设计的问卷结构存在内容不合理、用词不当而导致调查对象填写困难、数据整理不便以及丢失数据的真实性等问题，我们在发放正式问卷之前进行了小规模的预调研，通过对预调研数据的信效度检验确保问卷所涉及变量的测量题项的可靠性、合理性、简洁性以及清晰性。

（二）预调研

预调研是正式调研的准备工作，一般用于检验问卷的信效度。预调研期间，为确保预调研的样本对象符合本研究要求，我们请闽浙地区相关政府部门帮助，为我们联系了回国创业的新生代华侨华人。首先，我们在泉州晋江市委统战部的推荐帮助下，与三位回国创业多年的福建泉州籍新生代华侨华人取得了联系，就他们回国后的创业经历和经验成果开展了深度的访谈（访谈提纲详见附录二），三位新生代华侨华人均对本调查研究给予充分的肯定和支持。随后，在这三位新生代华侨华人和相关机构官员的引荐下，我们通过电话、网络视频、现场调研等线上和线下相结合的方式，与50位回国创业的华侨华人分别开展了小组座谈和调查问卷前测。在前测阶段我们一共发放了50份问卷，也回收了50份问卷，即回收率为100%。预调研的样本特征具体如表6-1所示。

表 6-1　预调研的样本特征(N＝50)

名称	选项	频数	百分比/%
回国创业年份	2008 年以前	3	6
	2008—2018 年	43	90
	2018 年以后	2	4
年龄	25～30 岁	13	26
	31～35 岁	22	44
	35 岁以上	15	30
性别	男	36	72
	女	14	28
文化教育程度	高中及以下	1	2
	大专	5	10
	本科	36	72
	硕士研究生	6	12
	博士研究生	2	4
所处行业类型	制造行业	26	52
	服务/贸易行业	8	16
	高科技行业	5	10
	金融/地产行业	4	8
	文化、体育和娱乐行业	4	8
	其他	3	6

(三)预调研数据的信效度检验

1.信度校验

信度分析是检验研究变量量表可靠性的基础。本研究根据信度检验标准,将 Cronbach α 系数不小于 0.7 作为衡量变量量表信度的具体要求。采用统计分析软件 SPSS 26.0 对预调研的变量数据进行信度检验,最终结果如表 6-2 所示。海外商业网络关系、海外社会网络关系、生存型创业动机、发展型创业动机以及创业绩效的 Cronbach α 系数都大于 0.8，这也证明本研究所采用的各变量量表具有较高的信度，可以进一步应用于之后的正式调研中。

表 6-2　预调研信度分析（N＝50）

变量	题项	校正项总计相关性（CITC）	项已删除的 α 系数	Cronbach α 系数
海外商业网络关系	海外商业网络关系 1	0.837	0.921	0.936
	海外商业网络关系 2	0.805	0.925	
	海外商业网络关系 3	0.860	0.918	
	海外商业网络关系 4	0.879	0.916	
	海外商业网络关系 5	0.838	0.921	
	海外商业网络关系 6	0.653	0.942	
海外社会网络关系	海外社会网络关系 1	0.734	0.923	0.929
	海外社会网络关系 2	0.823	0.912	
	海外社会网络关系 3	0.884	0.903	
	海外社会网络关系 4	0.772	0.918	
	海外社会网络关系 5	0.820	0.912	
	海外社会网络关系 6	0.728	0.925	
生存型创业动机	生存型创业动机 1	0.809	0.742	0.863
	生存型创业动机 2	0.750	0.797	
	生存型创业动机 3	0.664	0.878	
发展型创业动机	发展型创业动机 1	0.834	0.890	0.921
	发展型创业动机 2	0.823	0.900	
	发展型创业动机 3	0.864	0.866	
创业绩效	创业绩效 1	0.647	0.820	0.845
	创业绩效 2	0.656	0.816	
	创业绩效 3	0.651	0.816	
	创业绩效 4	0.687	0.807	
	创业绩效 5	0.713	0.803	
	创业绩效 6	0.445	0.85	

2.效度校验

效度分析是检验研究量表设计合理性的基础。本研究同样采用 SPSS 26.0 对预调研的 50 个研究样本进行探索式因子分析,以确保问卷的适用性。根据 KMO 值和 Bartlett 球形检验的标准(KMO 值大于或等于 0.7;Bartlett 检验的 p 值小于 0.05)来验证该数据是否适合提取信息。最终结果如下(详见表 6-3):各变量的 KMO 均值为 0.816;Bartlett 检验的 p 值为 0.000,各项指标均符合检验标准,数据适合提取信息,反映出本研究中各变量适合做因子分析。

表 6-3 预调研效度分析(N=50)

各变量 KMO 均值		0.816
Bartlett 球形度检验	近似卡方	983.434
	df	276
	p 值	0.000

同时,为了进一步检验各变量量表之间的内容效度,本研究对各变量分别进行了探索式因子分析。首先,对海外商业网络关系和海外社会网络关系进行了双因子分析;随后,对生存型创业动机和发展型创业动机进行了双因子分析;最后,对创业绩效进行了单因子分析。研究具体结果如表 6-4 所示。

表 6-4 海外商业、社会网络关系的旋转因子载荷(N=50)

名称	因子载荷系数	
	因子 1	因子 2
海外商业网络关系 1	0.791	
海外商业网络关系 2	0.752	
海外商业网络关系 3	0.822	
海外商业网络关系 4	0.865	
海外商业网络关系 5	0.874	

续表

名称	因子载荷系数	
	因子1	因子2
海外商业网络关系6	0.686	
海外社会网络关系1		0.772
海外社会网络关系2		0.829
海外社会网络关系3		0.871
海外社会网络关系4		0.808
海外社会网络关系5		0.767
海外社会网络关系6		0.652
方差解释率%（旋转后）	38.567%	36.915%
累积方差解释率%（旋转后）	38.567%	75.482%
KMO值	0.892	
巴特球形值	546.899	
df	66	
p值	0	

正如表6-4的结果显示，海外商业网络关系和海外社会网络关系得到了两个因子结构，累计方差解释率为75.482%，相关旋转后的因子载荷均在0.652~0.874之间，表明海外商业网络关系和海外社会网络关系的测量量表通过内容效度检验。

表6-5　生存型、发展型创业动机的旋转因子载荷（N=50）

名称	因子载荷系数	
	因子1	因子2
生存型动机1		0.915
生存型动机2		0.912
生存型动机3		0.816
发展型动机1	0.922	
发展型动机2	0.913	
发展型动机3	0.933	

续表

名称	因子载荷系数	
	因子1	因子2
方差解释率%（旋转后）	43.910%	39.505%
累积方差解释率%（旋转后）	43.910%	83.415%
KMO值	0.71	
巴特球形值	192.204	
df	15	
p值	0	

正如表6-5结果显示，生存型创业动机和发展型创业动机得到了两个因子结构，累计方差解释率为83.415%，相关旋转后的因子载荷均在0.816～0.933之间，表明生存型创业动机和发展型创业动机的测量量表通过内容效度检验。

表6-6 创业绩效的旋转因子载荷（N=50）

名称	因子载荷系数
	因子1
创业绩效1	0.756
创业绩效2	0.768
创业绩效3	0.793
创业绩效4	0.800
创业绩效5	0.850
创业绩效6	0.713
方差解释率%（旋转后）	61.014%
累积方差解释率%（旋转后）	61.014%
KMO值	0.854
巴特球形值	128.412
df	15
p值	0

正如表6-6结果显示，创业绩效得到了单因子结构，累计方差解释

率为 61.014%,相关旋转后的因子载荷均在 0.713~0.850 之间,表明创业动机的测量量表通过内容效度检验。

基于上述预调研所得数据的信效度检验结果,可以发现本研究所涉及变量的测量均符合统计学的检验标准。但在预调研过程中,我们也搜集到了一些修改的意见建议,对此,我们综合考虑了预调研样本中所提及的部分意见和建议,在不修改题项原先理论含义的前提下,对个别问题的题项进行了细微的修订,使问卷的题项变得更加通俗易懂,便于答题者理解题项的具体含义,最终形成正式问卷。

(四)问卷的构成

本研究的调查问卷主要包括研究的标题和引导语、企业的基本概况、本研究所涉及变量的测量题项以及回国创业者的个人信息。其中企业的基本概况和填写问卷者的个人信息均采用填空题和选择题相结合的方法进行,而问卷中涉及变量的测量题项则采用了 Likert 七点量表法的封闭式问答方式。本研究的正式问卷构成具体如下:

第一部分为标题和引导语。为了避免部分被调查对象对本调研团队不信任、担心企业重要信息泄露、不积极配合等问题,本研究问卷在一开始便主动向被调查者详细陈述了调查团队的组成、问卷所要关注的内容、最终数据的用途,并对数据的保密性给予了保证,同时也请被调查者留下有效的邮箱地址,承诺将最终的研究结论发给被调查者,以供其在管理实践中进行参考,从而提高被调研者对本研究的信任,积极参与本调查研究。

第二部分为新生代华侨华人回国创业企业的基本概况。这一部分主要关注新生代华侨华人回国创业企业的创业年份、在华企业的员工数量、在华企业的所在省份及城市、在华企业的行业类型等 4 个问题。

这部分信息的收集不仅能进一步增加调研者对被调研者的认知,也有利于收集主要变量以外的其他相关变量信息,以便于本研究后续进行层次回归分析时,拥有更加完整的数据。

第三部分是问卷的主体,即问卷的核心部分。这一部分主要包括新生代华侨华人回国创业动机的测量题项(其中生存型创业动机有 3 个题项,发展型创业动机有 3 个题项)、新生代华侨华人海外网络关系的测量题项(其中海外商业网络关系有 6 个题项,海外社会网络关系有 6 个题项)、新生代华侨华人回国创业绩效的 6 个测量题项,共计 24 个题项。每一个变量的测量题项都放在同一表格里,以保证变量间的相对独立性。同时,该部分的问题均采用了 Likert 七度量表进行打分(1.非常不同意;2.不同意;3.比较不同意;4.中立;5.比较同意;6.同意;7.非常同意)。

第四部分为被调查者个人的基本信息。这一部分具体包括被调查者的年龄、性别、学历、中国境外居住国(侨居地)以及中国的祖籍地等 5 个问题。其中,我们根据被调查者的中国境外居住国(侨居地)的问题题项,判断该被调查者属于哪一国家或地区的新生代华侨华人,参考霍夫斯泰德文化维度理论以及 Hofstede Insights 网站中各国家或地区之间的文化差异 6 个维度数值求和,计算出中国与其他境外居住国(侨居地)之间文化差异的数值。

二、变量的操作性定义与测量量表

本研究所涉及的变量包括:海外商业网络关系、海外社会网络关系、生存型动机、发展型动机、文化差异和创业绩效。

（一）海外商业网络关系

　　基于前文所述,本研究所指的海外商业网络关系指的是基于商业合作,新生代华侨华人创业者与海外的供应商、客户、同行竞争对手等构建的商业合作关系。本研究关于海外商业网络关系的测量,主要是测量其关系的质量。本研究综合参考了李义杰等(2018)[①]对海外网络关系的测量,Uzzi(1997)[②]、Dubini 和 Aldrich(1991)[③]对商业网络关系的测量,以及解雪梅(2020)[④]对网络关系嵌入的测量。分别从"相互间的信任程度""关系的稳固性""信息沟通频率""信息和建议有效性""相互帮助""共渡难关"等 6 个方面测量了新生代华侨华人的海外商业网络关系。测量题项具体描述如表 6-7 所示。

表 6-7　海外商业网络关系的变量量表

变量	变量题项	作者/年份 量表来源
海外商业网络关系	1.贵公司与海外商业合作伙伴高度信任 2.贵公司与海外商业合作伙伴建立了稳固的关系 3.贵公司与海外商业合作伙伴经常沟通信息 4.海外商业合作伙伴经常给贵公司提供有用信息和建议 5.贵公司和海外商业合作伙伴总是相互帮助、共同解决问题 6.海外商业合作伙伴能与贵公司共渡难关	李义杰等(2018); Uzzi(1997); Dubini 和 Aldrich(1991); 解雪梅(2020)

---

　　① 李杰义,刘裕琴,曹金霞.海外网络嵌入性、国际学习对国际化绩效的影响:东道国制度环境的调节效应[J].科技进步与对策,2018,35(5):106-112.

　　② UZZI B. Social structure and competition in interfirm networks: the paradox of embeddedness[J]. Administrative science quarterly,1997,42(1):37-69.

　　③ DUBINI PAOLA, ALDRICH HOWARD. Personal and extended networks are central to the entrepreneurial process[J]. Journal of business venturing,1991,6(5).

　　④ 解学梅,王宏伟.网络嵌入对企业创新绩效的影响机理:一个基于非研发创新的有调节中介模型[J].管理工程学报,2020,34(6):13-28.

（二）海外社会网络关系

基于前文所述，本研究的海外社会网络关系主要包括新生代华侨华人在海外的父子、母女、兄弟姐妹等有血缘关系的社会关系，以及在海外生活交流中建立起来的社会关系，例如朋友、同学、师生等社会情感而形成的社会关系。同样，本研究综合参考了李义杰等（2018）对海外社会网络关系的测量，Wellman（1988）[①]、杨震宁等（2013）[②]对社会网络关系的测量，以及解雪梅（2020）对网络关系嵌入的测量。同样从"相互间的信任程度""关系的稳固性""信息沟通频率""信息和建议有效性""相互帮助""共渡难关"等 6 个方面测量了新生代华侨华人的海外社会网络关系。测量题项具体描述如表 6-8 所示。

表 6-8　海外社会网络关系的变量量表

变量	变量提项	作者/年份 量表来源
海外社会网络关系	1.您与海外的亲戚、朋友、老乡等社会网络成员相互之间高度信任	李义杰（2018） Wellma（1988） 杨震宁（2013） 解雪梅（2020）
	2.您与海外的亲戚、朋友、老乡等社会网络成员相互之间建立了稳固的关系	
	3.您与海外的亲戚、朋友、老乡等社会网络成员相互之间经常沟通信息	
	4.海外的亲戚、朋友、老乡等社会网络成员经常给贵公司提供有用信息和建议	
	5.您和海外的亲戚、朋友、老乡等社会网络成员总是相互帮助、共同解决问题	
	6.海外的亲戚、朋友、老乡等社会网络成员能与您共渡难关	

---

① WELLMAN B，STEPHEN D，BERKOWITZ, et al. Social structures : a network approach[M].CUP Archive，1998.

② 杨震宁，李东红，范黎波.身陷"盘丝洞"：社会网络关系嵌入过度影响了创业过程吗？[J].管理世界，2013(12)：101-116.

（三）创业动机

创业动机作为创业者进行创业活动的重要驱动因素,其结构并非单一性的。根据文献回顾,本研究将新生代华侨华人的回国创业动机划分为生存型创业动机和发展型创业动机。发展型创业指的是创业者识别和利用机会主动进行的创业,希望得到更高层次的发展和个人价值的提升。生存型创业指的是创业者因为没有其他更好的工作机会而被迫进行的创业。本研究参考了 Shane 等(2003)[①]、曾照英和王重鸣(2009)[②]、陈子薇和马力(2020)[③]对创业动机的测量,分别采用"不满意之前的薪酬收入""为了不再失业""为了得到经济保障"等 3 个题项测量新生代华侨华人生存型创业动机。采用了"为了获得成就认可""为了扩大圈子影响""为了实现创业想法"等 3 个题项测量新生代华侨华人发展型创业动机。测量题项具体描述如表 6-9 所示。

表 6-9　创业动机的变量量表

变量	变量提项	作者/年份 量表来源
生存型创业动机	1.因为不满意之前的薪酬收入 2.希望得到经济保障 3.希望不再失业	Shane S 等(2003) 曾照英和王重鸣(2009) 陈子薇和马力(2020)
发展型创业动机	1.希望能够获得成就认可 2.希望能够扩大圈子影响 3.希望实现创业的想法	

---

① SHANE S,LOCKE E A,Collins C J. Entrepreneurial motivation[J]. Human resource management review,2003,13(2):257-279.

② 曾照英,王重鸣.关于我国创业者创业动机的调查分析[J].科技管理研究,2009,29(9):285-287.

③ 陈子薇,马力.母体创业环境与科技型衍生企业绩效的关系研究:基于创业动机的中介作用[J].软科学,2020,34(10):63-69.

（四）文化差异

文化差异是指因地区异同，各地区人们所特有的文化异同而产生的差异。霍夫斯泰德[①]认为：文化是在一个环境中的人们共同的心理程序，不是一种个体特征，而是具有相同的教育和生活经验的许多人所共有的心理程序。不同的群体、区域或国家的这种程序互有差异。对此，本研究以 Hofstede Insights 网站中所公布的中国与其他国家或地区之间上述五个文化指标差异的数值进行加总后的数值作为文化差异的测量数值，从而得出中国与其他国家或地区之间的文化差异数值。Hofstede Insights 网站的核心团队成员分别是来自 60 个国家的数据技术人员和通信人员，他们以霍夫斯塔德理论为基础，通过 35 年来的商业经历的积累，对跨文化差异进行了深入的探究，从而得出了文化和管理领域的相关数据，以供学术研究和实践使用。

（五）创业绩效

创业绩效是指在创业过程中完成某项任务或达到某个目标的程度。对于新生代华侨华人在华新创企业而言，其创业绩效包括生存绩效和成长绩效。生存绩效主要是指创业企业的生存状态和可持续经营能力，成长绩效主要是指创业企业的市场份额增长、客户数量增长和盈利水平增长。因此，本研究综合参考了文亮和李海珍（2010）[②]、Chandler（1993）[③]、

[①] 吉尔特·霍夫斯泰德、格特·汤·霍夫斯泰德.文化与组织：心理软件的力量（第二版）[M].李原，孙健敏，译.北京：中国人民大学出版社，2010 年.

[②] 文亮，李海珍.中小企业创业环境与创业绩效关系的实证研究[J].系统工程，2010，28(10)：67-74.

[③] CHANDLER GAYLEN N.，HANKS STEVEN H. Measuring the performance of emerging businesses：a validation study[J]. Journal of business venturing，1993，8(5).

何会涛和袁勇志（2018）[①]等对创业绩效的测量，采用了新生代华侨华人在华创立的公司的"生存年限""持续生存""企业未来持续经营发展5年以上的可能性""利润增长""市场份额增长""员工人数增长"等6个方面测量了新生代华侨华人回国创业绩效。测量题项具体描述如表6-10所示。

表 6-10　创业绩效的变量量表

变量	变量提项	作者/年份
创业绩效	1.目前您在华创立的公司生存年限较长 2.您在华创立的公司能够维持目前经营持续生存 3.您在华创立的公司未来持续经营发展5年以上的可能性较大 4.与同行竞争者相比,您在华创立的公司利润增长较高 5.与同行竞争者相比,您在华创立的公司市场份额增长较高 6.与同行竞争者相比,您在华创立的公司员工人数增长较多	文亮和李海珍（2010） Chandler（1993） 何会涛和袁勇志（2018）

三、数据分析方法

为了检验本研究提出的理论模型和相关研究假设,在问卷回收后,本研究将采用统计分析软件 SPSS26.0、AMOS24.0 对搜集到的数据进行描述性统计分析、信效度检验、相关性分析、层次回归分析等统计分析,具体的统计方法如下:

---

① 何会涛,袁勇志.海外人才创业双重网络嵌入及其交互对创业绩效的影响研究[J].管理学报,2018,15(1):66-73.

（一）描述性统计分析

本研究运用描述性统计分析方法对被调研对象及其企业进行基本研究，主要通过对企业样本的基本信息（包括创业者性别、创业者年龄、创业者文化教育程度、创业年份以及所涉及的行业类别等方面）以及各个变量的均值、标准差、变量与变量间的相关系数等进行研究，以此来了解所研究样本的基本特点、各个变量的基本取值状况，并进一步分析变量与变量之间的相关作用。

（二）信效度检验

信度检验通常是指对问卷测量结果进行可靠性、稳定性、一致性的检验，即采用同样的方法对各个样本数据与其平均值的差异程度进行检验，最终反映的是数据的真实程度。学界较为认可的信度衡量指标包括：稳定性、等值性和内部一致性等三种。针对 Likert 量表，学界常用的信度检验标准为 Cronbach α 系数（内在一致性系数）。对于 Cronbach α 系数的标准，学界大部分学者指出 Cronbach α 系数大于 0.7 即为通过信度检验，但也有不少学者提出了不同的意见，如 Cronbach α 系数越高信度越好或 Cronbach α 系数超出平均水平后会降低测量题项的内容效度等观点。综上，本研究主要采用最常用的 Cronbach α 系数（内在一致性系数）来对量表进行分析，其中 Cronbach α 系数不低于 0.7 即通过信度检验。

效度检验是指量表的数据能够准确衡量的目标变量的标准，即为测量的有效性。效度检验的主要指标包括：内容效度、效标效度和构念效度三种。内容效度又被称为逻辑效度或表面效度，指的是量表题项在测量目标中的相适性和符合程度。一般效度检查时，都要优先进行内容效度的检查,为后来的检验量表效标效度与构念效度奠定基础。

效标效度又被称为实证效度、统计效度以及准则效度等,它主要是指利用不同的测量方法或者不同的指标对同一个变量进行测量,然后将其中一个当作标准,也就是效标,再将不同测量方法或者不同指标测量的结果与之比较,如果同样有效,那么此种测量方法或者指标也拥有效标效度。

构念效度也称为结构效度或者理论效度等,指的是测量方法反映出定义与测量结果之间的内部结构程度。它总体评估了量表对目标内容的有效程度,以保证测量量表的有效性以及准确性。

学界较为常用的效度检验为探索性因子分析法和验证性因子分析法。对此,本研究同样采用探索性因子分析以及检验性因子分析对问卷中的测量变量进行效度检验。其中,探索性因子分析的衡量指标为:各变量测量题项的因子载荷最低可接受值为 0.5;检验性因子的衡量指标为:($X2/df$ 为 1～3,CFI＞0.9,IFI＞0.9,TLI＞0.9,RMR＜0.08,RMSEA＜0.08)。

(三)相关性分析

相关性分析是用来测量变量与变量之间是否存在某种相关关系,并对这种相关关系的强弱程度进行分析的一种统计方法,但是这种统计方法不能将自变量与因变量区分开,因此这种分析方法只能作为回归分析的基础,为进一步实证分析提供研究依据。本研究在检验研究假设之前,对海外商业网络关系、海外社会网络关系、生存型创业动机、发展型创业动机、文化差异以及创业绩效等变量进行了相关性分析,通过掌握研究模型中各变量之间的整体相关程度,为后续层次回归分析奠定了基础。

（四）层次回归分析

如上所述,相关分析不能区分因变量与自变量,只能反映变量之间的密切程度,作为回归分析的基础。回归分析一般通过预测与解释了解两个以上的变量之间的相关程度和相关方向,并建立模型用于观测变量,从而预测目标变量。层次回归分析就是通过分析不同自变量对因变量的影响程度将这些自变量分为不同的层次进行分析。自变量对因变量的影响程度越基础,这个自变量所处的层次也越高,层次高的自变量也会影响层次低的自变量。在层次回归分析的过程中,通常按照由高层次的自变量向低层次的自变量排列列入回归方程,以此来判断不同层次的自变量对因变量的影响作用。对此,本研究将采用层次回归分析检验本书的研究模型与假设。

第七章　实证研究

本章将根据前文所提出的研究模型与假设,采用统计分析方法对正式调查中取得的 156 个有效研究样本进行相关的实证分析,并结合新生代华侨华人回国创业的实际情况和实证研究结果进行讨论,为本书最终的研究结论提供科学的依据。

一、正式问卷的发放与回收

在确定本书采用的主要数据分析方法为描述性统计分析、信效度检验、相关性分析、层次回归分析等统计分析后,也意味着我们需要采集到大量的研究样本才能够更详细、更准确地得出实证研究结论。但由于本书的研究对象为海外回国创业的新生代华侨华人(根据《中华人民共和国归侨侨眷权益保护法》的规定,"华侨"是指定居在国外的中国公民,"华人"是指已加入外国国籍的原中国公民及其外国籍后裔、中国公民的外国籍后裔[1][2]),样本群体较为特殊。为了确保最终填写问卷的群体是我们的目标样本对象,我们在相关政府部门、华侨大学海外校

① 王丽霞,邓晓雅.我国华侨华人研究的可视化分析:基于 CSSCI(1999—2020 年)数据[J].华侨大学学报(哲学社会科学版),2021(6):25-34,127.

② 向大有.论中共的华侨身份属性理念及中共与华侨的关系特征[J].八桂侨刊,2021(2):3-13.

友会、多位侨领以及厦门、泉州、青田、温州、济南、青岛等地区统战部和侨商联合会的帮助下,向 300 个符合要求的海外华侨华人身份的新生代归国创业者发送了正式调查问卷的链接,并向其详细说明调查目的和答卷要求。历时半年,最后有 208 位归国创业者成功提交问卷,回收率为 69.33%。通过问卷回答时长和测试题项排除等方法剔除无效问卷后,最终有效问卷为 156 份,有效率为 75%。问卷样本的基本情况如下(详见表 7-1)。为了检测无反应偏差(non-response bias),本研究根据答题时间的先后顺序,检测比较最先收集的 30% 问卷和最后收集的30% 问卷是否有无显著不同。结果显示,这两组样本控制变量平均值无显著性差异($t = 0.97$, $p > 0.10$),因此可判断本研究问卷的无反应偏差问题不大。问卷发放与回收的具体情况如表 7-1 所示。

表 7-1　问卷发放与回收的具体情况

问卷发放方式	发放问卷数量/份	回收问卷数量/份	有效问卷数量/份	有效问卷的区域分布
本人线上邮件问卷	150	62	26	福建省 48 份,浙江省 41,广东省 34 份,山东省 12 份,云南省 6 份,上海市 4 份,北京市 3 份,江苏省 3 份,广西壮族自治区 2 份,四川省 2 份,辽宁省 2 份,河南省 1 份
现场填写	50	50	34	
委托他人发放与回收(政府机构、多地侨领)	300	196	96	
合计	500	308 (61.6%)	156 (50.65%)	

正如表 7-1 所示,大部分问卷来源于福建、浙江、广东、山东等区域。由于本研究的样本要求为回国创业的新生代华侨华人,而以上几省均为我国海外华侨华人较为集中的省份。同时有效问卷的区域分布还涉及云南、上海、北京、江苏、广西、四川、辽宁、河南等区域,由此可见有效问卷样本区域分布较广,具有一定的代表性。

二、描述性统计分析

为进一步了解有效问卷的具体情况,本书采用SPSS 26.0对156份有效样本数据进行了描述性统计分析。从表7-2的样本描述性统计结果可以看出:第一,样本中回国创业的年份分别是2008年以前回国创业的人数(4.40%)、2008—2018年(76.30%)以及2018年以后(19.30%),大部分样本回国创业的时间都集中在2008—2018年,非常符合新生代华侨华人因中国经济处于上升阶段而回国创业的动因;第二,回国创业者年龄除25岁以下之外,其余年龄段分布较为平均,符合样本的回国创业时间段;第三,回国创业者的性别分布为男性(66%)、女性(34%);第四,回国创业者的文化教育程度分别是高中及以下(1.30%)、大专(7.70%)、本科(69.80%)、硕士(16.70%)、博士(4.50%),由此可见大部分样本属于高学历人才;第五,所处行业类型分别是制造行业(37.20%)、服务/贸易行业(23.10%)、高科技行业(13.50%)、金融/地产行业(10.20%)、文化、体育和娱乐行业(9.00%)、其他(7.00%),可以发现排名第一和第二的产业均为福建省、浙江省、广东省的主要发展产业,符合以上样本的来源。综上,本研究样本覆盖范围适度,具有较好的代表性,各项数据都通过正态分布检验。

表 7-2　样本的描述性统计结果(N=156)

名称	选项	频数	百分比/%
创业年份	2008 年以前	7	4.40
	2008—2018 年	119	76.30
	2018 年以后	30	19.30

续表

名称	选项	频数	百分比/%
年龄	25 岁以下	12	7.70
	25～30 岁	49	31.50
	31～35 岁	50	32.00
	35 岁以上	45	28.80
性别	男	103	66.00
	女	53	34.00
教育程度	高中及以下	2	1.30
	大专	12	7.70
	本科	109	69.80
	硕士研究生	26	16.70
	博士研究生	7	4.50
所处行业类型	制造行业	58	37.20
	服务/贸易行业	36	23.10
	高科技行业	21	13.50
	金融/地产行业	16	10.20
	文化、体育和娱乐行业	14	9.00
	其他	11	7.00

三、量表的信效度检验与相关性分析

(一)信度检验

信度检验作为实证研究的基础。根据上一章提出的信度检验方法,本书采用 SPSS 26.0 统计软件中的可靠性检验,对除"文化差异"以外其余所涉及变量分别进行了信度检验,以确保数据的可靠性。最终分析结果显示(见表 7-3),海外商业网络关系、海外社会网络关系、生存型创业动机、发展型创业动机和创业绩效等变量的 Cronbach′s α 值均大于 0.8,并且删除任何题项均不显著提高量表的 Cronbach′s α 系数。综上,说明了本研究变量的量表信度较高,内部一致性较好。

表 7-3　Cronbach 信度分析(N＝156)

变量	题项	校正项总计相关性(CITC)	题项已删除的 α 系数	Cronbach α 系数
海外商业网络关系	海外商业网络关系 1	0.828	0.919	0.934
	海外商业网络关系 2	0.838	0.918	
	海外商业网络关系 3	0.799	0.923	
	海外商业网络关系 4	0.834	0.919	
	海外商业网络关系 5	0.838	0.918	
	海外商业网络关系 6	0.697	0.935	
海外社会网络关系	海外社会网络关系 1	0.753	0.896	0.912
	海外社会网络关系 2	0.806	0.889	
	海外社会网络关系 3	0.781	0.892	
	海外社会网络关系 4	0.756	0.896	
	海外社会网络关系 5	0.767	0.895	
	海外社会网络关系 6	0.663	0.909	
生存型创业动机	生存型创业动机 1	0.837	0.878	0.917
	生存型创业动机 2	0.848	0.867	
	生存型创业动机 3	0.816	0.896	
发展型创业动机	发展型创业动机 1	0.817	0.856	0.904
	发展型创业动机 2	0.782	0.886	
	发展型创业动机 3	0.83	0.845	
创业绩效	创业绩效 1	0.714	0.856	0.879
	创业绩效 2	0.724	0.852	
	创业绩效 3	0.674	0.861	
	创业绩效 4	0.708	0.855	
	创业绩效 5	0.688	0.859	
	创业绩效 6	0.630	0.868	

（二）探索式因子分析

同样,根据上一章提出的效度检验方法,本研究采用 SPSS 26.0 对各变量进行探索式因子检验。最终结果显示(见表 7-4),各变量的 KMO 均值为 0.844,Bartlett 球状检验结果的显著性为 0.000,适合进行因子分析。按照因子载荷大于 0.5、特征根大于 1 的标准,采用最大方差旋转法对各变量进行探索式因子分析,最终各变量的因子载荷均在 0.689～0.910 之间,且拟合成 5 个因子,说明本研究的测量量表内容效度良好。

表 7-4　旋转后的成分矩阵

名称	因子载荷系数				
	因子 1	因子 2	因子 3	因子 4	因子 5
海外商业网络关系 1	0.770				
海外商业网络关系 2	0.793				
海外商业网络关系 3	0.794				
海外商业网络关系 4	0.813				
海外商业网络关系 5	0.842				
海外商业网络关系 6	0.749				
海外社会网络关系 1		0.768			
海外社会网络关系 2		0.840			
海外社会网络关系 3		0.799			
海外社会网络关系 4		0.762			
海外社会网络关系 5		0.794			
海外社会网络关系 6		0.689			
生存型动机 1			0.860		
生存型动机 2			0.910		
生存型动机 3			0.846		
发展型动机 1				0.848	
发展型动机 2				0.739	
发展型动机 3				0.822	

续表

名称	因子载荷系数				
	因子 1	因子 2	因子 3	因子 4	因子 5
创业绩效 1					0.797
创业绩效 2					0.782
创业绩效 3					0.755
创业绩效 4					0.797
创业绩效 5					0.773
创业绩效 6					0.739
KMO 值	0.844				
巴特球形值	3 698.627				
df	435				
p 值	0.000				

（三）检验性因子分析

为进一步确认量表的结构效度,采用 AMOS 24.0 统计软件对海外商业网络关系、海外社会网络关系、生存型创业动机、发展型创业动机和创业绩效等变量进行验证性因子分析,通过构建结构方程模型来检验测量变量和潜变量之间的关系(见图 7-1)。具体结果如表 7-5 所示,其中五因子模型的拟合指标(X2/df 为 1.517,CFI 为 0.953,IFI 为 0.954,TLI 为 0.946,RMR 为 0.080,RMSEA 为 0.058)最高且均达到拟合标准,对比参考值[①]可以看出其适配度显著优于其他模型,这六个构念具有较高的内部结构效度,整体研究模型与数据的拟合度良好。此外,变量与变量之间的相关系数显著且相关系数均小于 AVE 的平方根值(见表 6-16),由此可见,本研究模型的各变量之间均存在较强的区分效度。

---

① 吴明隆. 结构方程模型:AMOS 的操作与应用[M]. 重庆:重庆大学出版社,2009.

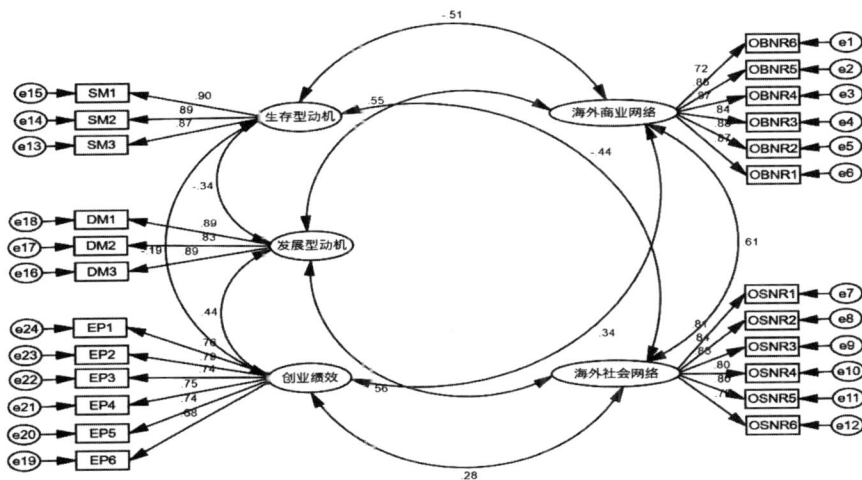

图 7-1 检验性因子结构模型图

表 7-5 验证性因子分析结果

模型	X^2/df	CFI	IFI	TLI	RMR	RMSEA
五因子模型	1.517	0.953	0.954	0.946	0.080	0.058
四因子模型 a	2.615	0.851	0.852	0.832	0.188	0.102
三因子模型 b	3.971	0.722	0.724	0.691	0.325	0.138
二因子模型 c	4.933	0.629	0.632	0.592	0.249	0.159
单因子模型 d	6.023	0.524	0.528	0.478	0.251	0.180
参考值	[1,5]	>0.900	>0.900	>0.900	<0.080	<0.080

注：a 将创业绩效和发展型创业动机合并为一个潜在因子；b 在 a 的基础上将生存型创业动机进行合并；c 在 b 的基础上将每外社会网络关系进行合并；d 将所有项目归属于同一个潜在因子。

同时，为了进一步探讨本研究变量量表间的区分效度，根据前文验证性因子分析所得的标准化因子载荷数值，计算了各变量的组合信度（CR）和平均萃取方差（AVE），发现各变量的 CR 值均大于 0.7，说明量表的组合信度较好（见表 7-6）；AVE 值均大于 0.5，说明量表的收敛信度较好（见表 7-6）；各变量的平方根均大于变量间的相关系数（见表 7-7），说明变量间具有较强的区分效度。

表 7-6　模型 AVE 和 CR 指标

	平均方差萃取 AVE 值	组合信度 CR 值
海外商业网络关系	0.705	0.935
海外社会网络关系	0.638	0.913
生存型动机	0.790	0.918
发展型动机	0.600	0.847
创业绩效	0.564	0.886

(四)相关性分析

在对研究模型与假设进行检验之前,为了避免各变量之间出现相似度大无法明显区分的情况,本研究在进行回归分析之前,采用 SPSS 26.0 对研究模型中的所有变量(包含文化差异)进行相关性分析。结果如表 7-7 所示。

表 7-7　各主要变量的均值、标准差和变量间相关系数

潜变量	均值	标准差	1	2	3	4	5	6
海外商业网络关系	4.979	1.223	0.840					
海外社会网络关系	5.265	0.949	0.573***	0.799				
生存型动机	4.22	1.705	−0.475***	−0.409***	0.889			
发展型动机	5.423	1.208	0.503***	0.509***	−0.308***	0.775		
文化差异	28.767	10.03	−0.007	0.067	−0.105	0.017	0.791	
创业绩效	5.265	0.821	0.315***	0.250***	−0.160**	0.400***	0.177**	0.745

注:$n = 156$;*** 代表 $p < 0.01$,** 代表 $p < 0.05$,* 代表 $p < 0.1$;斜角线上的标粗数字为 AVE 的平方根。

根据表 7-7 结果显示,海外商业网络关系、海外社会网络关系均与新生代华侨华人回国创业绩效呈显著的正相关关系($r = 0.315$***;$r = 0.250$***),这样的结果也初步验证了本书的假设 H1 与 H2。

四、共同方法偏差检验

本研究采用了周浩和龙立荣（2004）的共同方法偏差的检查方式。通过匿名测量以及平衡题项顺序等控制措施从程序上控制共同方法偏差。同时，对搜集到的数据采用 Harman 单因素检验方法对共同方法偏差进行了统计检测[①]，结果显示，共有 5 个因子的特征根大于 1，其中最大的因子方差解释率为 13.615%（小于 40%）（见表 7-8），因此，本研究不存在严重的共同方法偏差。

表 7-8　总方差解释

成分	初始特征值			提取载荷平方和			旋转载荷平方和		
	总计	方差百分比	累积%	总计	方差百分比	累积%	总计	方差百分比	累积%
1	9.459	39.413	39.413	9.459	39.413	39.413	4.468	18.615	18.615
2	3.244	13.516	52.930	3.244	13.516	52.930	4.303	17.928	36.543
3	1.988	8.284	61.214	1.988	8.284	61.214	3.927	16.361	52.904
4	1.687	7.031	68.245	1.687	7.031	68.245	2.632	10.965	63.869
5	1.393	5.804	74.049	1.393	5.804	74.049	2.443	10.180	74.049
6	0.692	2.881	76.930						
7	0.647	2.695	79.625						
8	0.565	2.356	81.981						
9	0.530	2.209	84.190						
10	0.437	1.820	86.010						
11	0.410	1.709	87.718						
12	0.392	1.635	89.353						
13	0.344	1.434	90.787						

① 周浩,龙立荣.共同方法偏差的统计检验与控制方法[J].心理科学进展,2004(6):942-950.

续表

成分	初始特征值			提取载荷平方和			旋转载荷平方和		
	总计	方差百分比	累积%	总计	方差百分比	累积%	总计	方差百分比	累积%
14	0.315	1.313	92.101						
15	0.297	1.239	93.340						
16	0.241	1.005	94.345						
17	0.227	0.944	95.289						
18	0.208	0.865	96.154						
19	0.200	0.835	96.989						
20	0.165	0.686	97.675						
21	0.162	0.675	98.350						
22	0.142	0.592	98.942						
23	0.137	0.569	99.511						
24	0.117	0.489	100.000						

五、假设检验

(一)主效应检验

为了分析新生代华侨华人的海外网络关系对其回国创业绩效的影响,本研究采用SPSS 26.0对海外网络关系的两个维度(海外商业网络关系、海外社会网络关系)和创业绩效进行线性回归分析。其中,自变量为海外商业网络关系和海外社会网络关系,因变量为创业绩效。最终结果如表 7-9 所示。其中,海外商业网络关系与创业绩效呈显著正相关关系(模型 2,回归系数 $\beta=0.228^{***}$),海外社会网络关系对创业绩效的正向影响不显著(模型 2,回归系数 $\beta=0.071$),因此本书的假设 H1 得到了验证,假设 H2 未得到验证。

表 7-9 层次回归分析

| | | 创业绩效 | | | | | | | | | | |
		M_1	M_2	M_3	M_4	M_5	M_6	M_7	M_8	M_9	M_{10}	M_{11}
控制变量	创业年份	0.010	0.009	0.009	0.009	0.004	0.009	0.051	0.022	0.027	0.031	0.041
	性别	-0.038	-0.016	-0.016	0.006	-0.019	0.025	0.036	0.027	-0.043	-0.016	-0.030
	行业类型	0.268***	0.201**	0.201**	0.187***	0.187**	0.188***	0.140*	0.176**	0.208***	0.191**	0.210***
	文化教育程度	-0.118	-0.117	-0.117	-0.125	-0.113	-0.121*	-0.120*	-0.129*	-0.118	-0.125*	-0.104
自变量	海外商业网络关系		0.228**	0.227**	0.349***	0.258***	0.132	0.216***	0.120	0.240***	0.235***	0.243***
	海外社会网络关系		0.071	0.070	0.118	0.167	-0.033	0.008	0.150	0.047	0.077	0.08
调节变量	生存型动机			-0.004	0.062	0.030						
	发展型动机						0.321***	0.401***	0.366***			
	文化差异									0.189***	0.202***	0.185**
调节作用	海外商业网络×生存型动机				-0.211**							
	海外社会网络×生存型动机					-0.188**						
	海外商业网络×发展型动机							0.305***				
	海外社会网络×发展型动机								0.314***			
	海外商业网络×文化差异										-0.189**	
	海外社会网络×文化差异											-0.147*
	$R2$	0.087	0.157	0.157	0.185	0.212	0.225	0.289	0.283	0.192	0.225	0.212
	Adjusted $R2$	0.063	0.124	0.118	0.140	0.169	0.188	0.250	0.169	0.154	0.183	0.169
	ΔF	3.598***	6.230***	0.002	4.882**	4.390**	12.926***	13.201***	3.730*	6.295***	6.368**	3.730*

注：$n = 156$；*** 代表 $p < 0.01$，** 代表 $p < 0.05$，* 代表 $p < 0.1$。

(二)调节效应检验

为了进一步检验生存型创业动机、发展型创业动机以及文化差异在海外商业网络关系和海外社会网络关系对创业绩效的影响路径中产生的调节机制。本研究在上述模型 2 的基础上分别加入"生存型动机"和"发展型动机"作为调节变量,进一步检验这两种不同的创业动机所产生调节作用。

首先,在上述模型 2 的基础上,在模型 3 中加入"生存型创业动机"调节变量,并根据温忠麟(2005)[①]的做法,计算两个交互项("海外商业网络×生存型动机"和"海外社会网络×生存型动机")分别加入模型 4 和模型 5。为了避免多重共线性,在计算交互项时,我们将自变量和调节变量都进行了中心化处理。再次通过层次回归分析,得到结果(见表 7-9):生存型创业动机在海外商业网络关系对创业绩效的影响路径中产生显著的负向调节作用(模型 4,回归系数 $\beta=-0.211^{**}$),因此 H3a 得到验证支持;生存型创业动机在海外社会网络关系对创业绩效影响路径中产生显著的负向调节作用(模型 5,回归系数 $\beta=-0.188^{**}$),因此 H3b 得到检验支持。同时,为了更加直观地展示生存型创业动机在海外商业网络关系、海外社会网络关系对创业绩效影响路径中起到的调节作用,本研究以生存型创业动机的均值加减一个标准差后的值为高生存型创业动机调节和低生存型创业动机调节,以此绘制生存型创业动机调节作用的简单斜率图,如图 7-2 和图 7-3 所示。生存型创业动机同时削弱了海外商业网络关系及海外社会网络关系对创业绩效的促进作用,因此,进一步验证了假设 H3a 和 H3b。

---

① 温忠麟,侯杰泰,张雷.调节效应与中介效应的比较和应用[J].心理学报,2005(2):268-274.

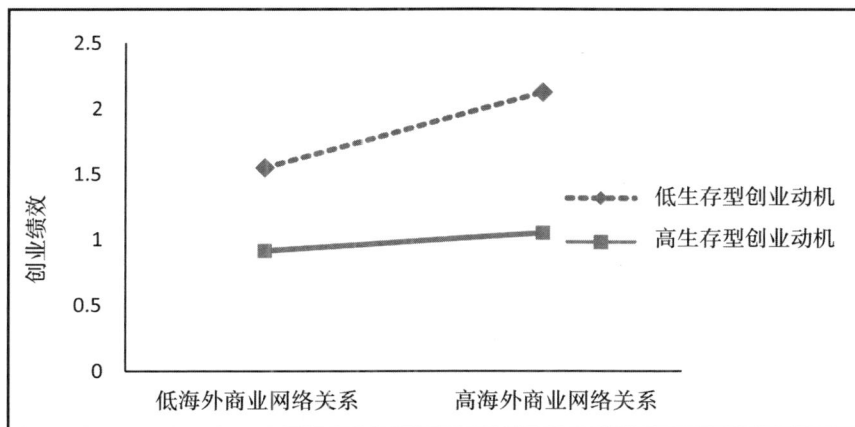

图 7-2　生存型创业动机在海外商业网络关系与创业绩效间的调节作用

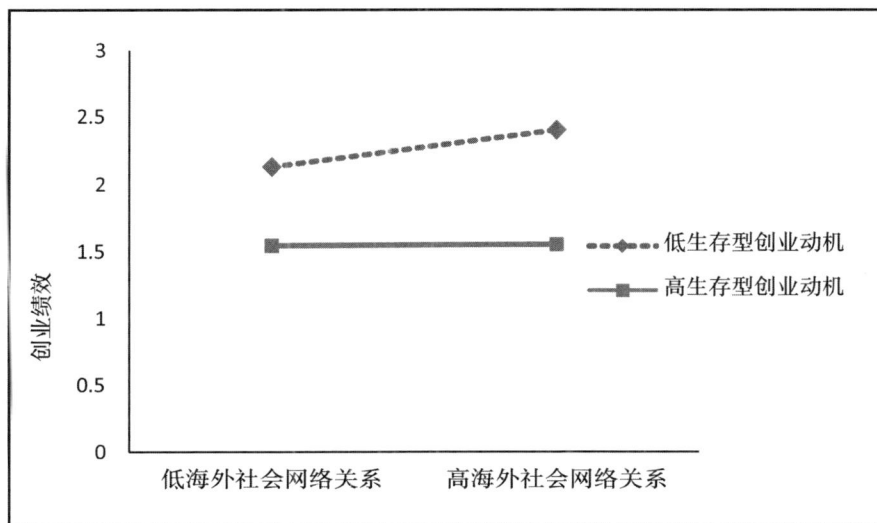

图 7-3　生存型创业动机在海外社会网络关系与创业绩效间的调节作用

其次,本研究同样在上述模型 2 的基础上,在模型 6 中加入"发展型创业动机"调节变量,计算相应的交互项加入模型 7 和模型 8。再次通过层次回归分析,得到结果(见表 7-9):发展型创业动机在海外商业网络关系对创业绩效的影响路径中产生显著的正向调节作用(模型 7,回归系数 $\beta=0.305^{***}$),因此 H4a 得到验证支持;发展型创业动机在海外社会网络关系对创业绩效影响路径中产生显著的正向调节作用(模型 8,回归系数 $\beta=0.314^{***}$),因此 H4b 得到检验支持。同样地,为了更加直观地展示发展型创业动机在海外商业网络关系、海外社会网络关系对创业绩效影响路径中起到的调节作用,本研究以发展型创业动机的均值加减一个标准差后的值为高发展型创业动机调节和低发展型创业动机调节,以此绘制发展型创业动机调节作用的简单斜率图,如图 7-4 和图 7-5 所示。发展型创业动机同时增强了海外商业网络关系及海外社会网络关系对创业绩效的促进作用,因此,进一步验证了假设 H4a 和 H4b。

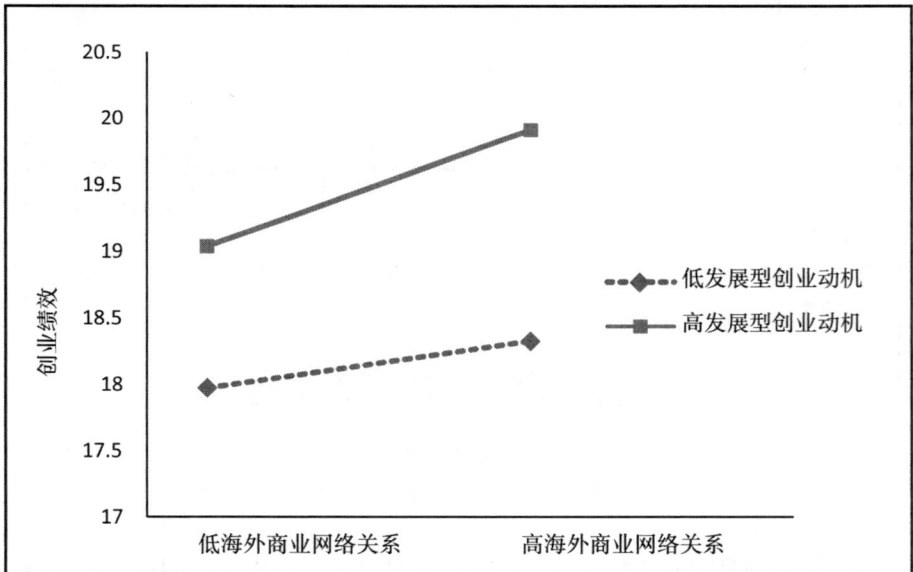

图 7-4 发展型创业动机在海外商业网络关系与创业绩效间的调节作用

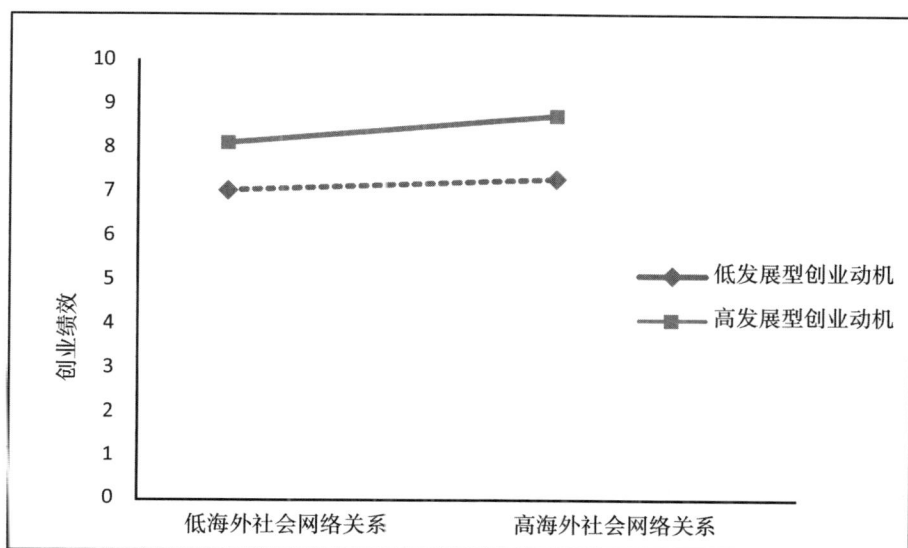

图 7-5　发展型创业动机在海外社会网络关系与创业绩效间的调节作用

　　最后,本研究同样在上述模型 2 的基础上,在模型 9 中加入"文化差异"调节变量,计算相应的交互项加入模型 10 和模型 11。通过层次回归分析,得到结果(见表 7-9):文化差异在海外商业网络关系对创业绩效的影响路径中产生显著的负向调节作用(模型 10,回归系数 $\beta = -0.189^{**}$),因此 H5a 得到验证支持;文化差异在海外社会网络关系对创业绩效影响路径中产生显著的负向调节作用(模型 11,回归系数 $\beta = -0.147^{*}$),因此 H5b 得到检验支持。同时,为了更加直观地展示文化差异在海外商业网络关系、海外社会网络关系对创业绩效影响路径中起到的调节作用,本研究以文化差异的均值加减一个标准差后的值为高文化差异调节和低文化差异调节,以此绘制文化差异调节作用的简单斜率图,如图 7-6 和图 7-7 所示。文化差异同时削弱了海外商业网络关系及海外社会网络关系对创业绩效的促进作用,因此,进一步验证了假设 H5a 和 H5b。

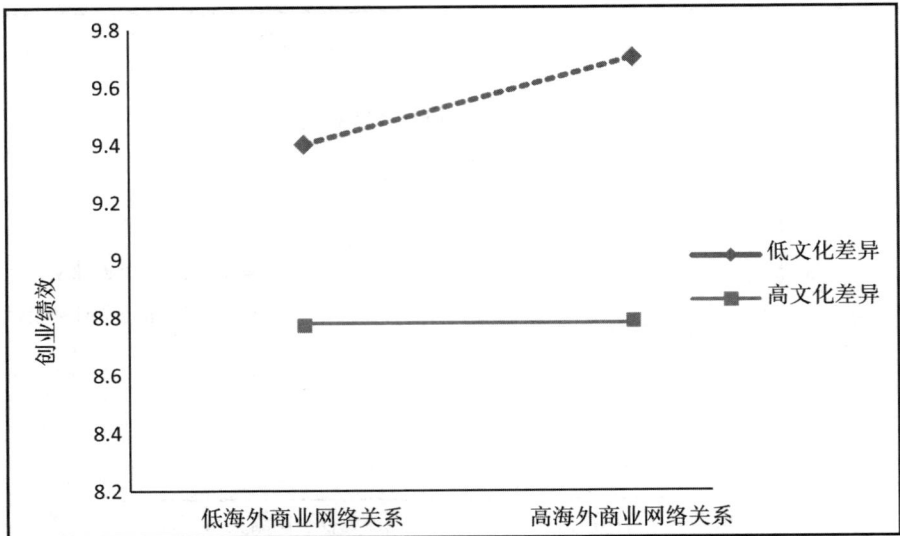

图 7-6　文化差异在海外商业网络关系与创业绩效间的调节作用

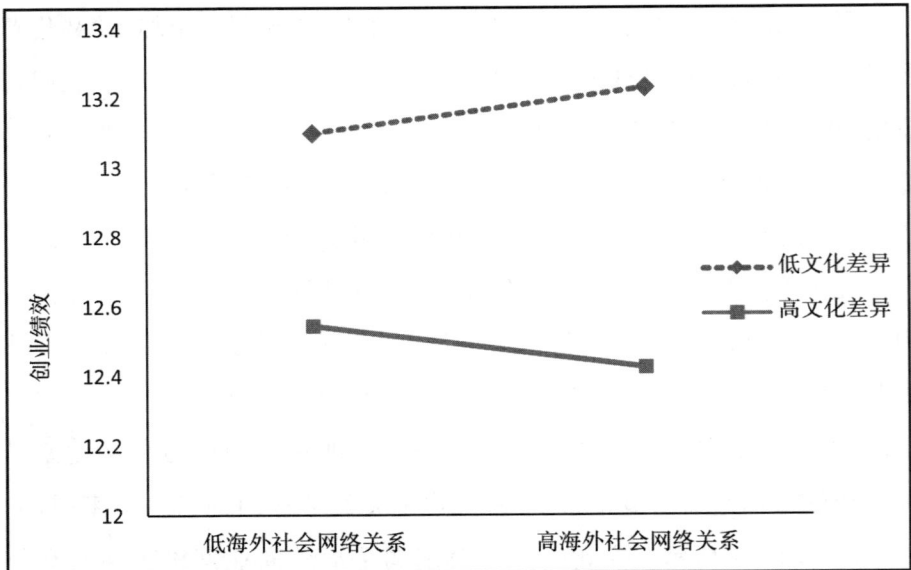

图 7-7　文化差异在海外社会网络关系与创业绩效间的调节作用

六、假设结果

本研究共提出了 8 个假设,其中包括 2 个主效应假设以及 6 个调节效应假设。通过实证检验,最终结果如表 7-10 所示。

表 7-10　实证研究结果

编号	研究假设	结果
H1	海外商业网络关系对回国创业绩效起正向作用	成立
H2	海外社会网络关系对回国创业绩效起正向作用	不成立
H3a	生存型创业动机在海外商业网络和回国创业绩效之间起负向调节作用	成立
H3b	生存型创业动机在海外社会网络和回国创业绩效之间起负向调节作用	成立
H4a	发展型创业动机在海外商业网络和回国创业绩效之间起正向调节作用	成立
H4b	发展型创业动机在海外社会网络和回国创业绩效之间起正向调节作用	成立
H5a	文化差异在海外商业网络和回国创业绩效之间起负向调节作用	成立
H5b	文化差异在海外社会网络和回国创业绩效之间起负向调节作用	成立

第八章　研究结论与管理启示

本章共分为三个小节，第一节将根据上文的理论基础、研究假设以及实证研究结果对本书的主要研究结论进行总结；第二节将进一步综合研究结论与新生代华侨华人回国创业的实践情况进行讨论，并提出管理启示；最后一节是研究局限以及未来的研究方向。

一、研究结论

网络关系这一概念在学术界出现已久，并且一直以来都得到了广泛的关注与研究。对于新生代华侨华人创业者而言，发挥其海外网络关系的优势也将帮助其回国创业得到较好的发展。国内外不少学者分别考察了新生代华侨华人海内外双重网络关系对其创业绩效的影响，但极少数文献有关注其不同类型的网络成员对其创业绩效所产生的影响差异。本研究基于网络关系理论，尝试将新生代华侨华人的海外网络关系划分为海外"商业"网络关系与海外"社会"网络关系，并进一步探讨其对新生代华侨华人回国创业绩效所产生的影响机制。同时，在海外商业与社会网络关系的双重驱动下，新生代华侨华人的回国创业动力也展现了更为强烈的影响，并且分析新生代华侨华人的特点及其发展趋势，可以发现，他们不仅拥有更高的知识水平和创新意识，在文化认同方面也有着与老一辈不同的理解。因此,本研究引入了创业动机这一内部因素与文化差异这一外部因素,深入探讨了生存型创业动机、发展型创业动机以及文化差异这三种情境因素在新生代华侨华人的海外商业和社会网络关系对其回国创业绩效之间产生的边界作用。最终基于156名新生代回国创业者的问卷调查,将所得数据进行实证分析,得出的具体研究结论如下:

(一)海外网络关系对回国创业绩效的影响

基于上述理论和数据分析结果,新生代华侨华人的海外商业网络关系对其回国创业绩效产生了显著的正向影响作用,但海外社会网络关系对其回国创业绩效产生的正向影响却不显著,研究假设H1成立,H2不成立。

研究假设H1成立,说明新生代华侨华人的海外商业网络关系可以为新创企业提供异质性资源,提供商业支持和经济基础[1],可以促进新生代华侨华人回国创业绩效的有效提升。基于资源基础理论,海外商业网络关系不仅仅为企业带来原有的人脉基础和圈层聚合,而且可以为新创企业提供市场信息、前沿技术、成熟经验等等,这对企业创新能力的提升有着重要的作用[2]。不仅如此,海外商业网络关系可以起到一个"桥梁"的作用,通过引荐效应帮助回国创业者扩大商业合作范围[3],以互

① 高洋,薛星群,葛宝山.机会资源一体化、网络关系与创业绩效[J].科学学研究,2019,37(12):2211-2221.
② ILAN ALON,EVERLYNE MISATI,TONIA WARNECKE,et al. Comparing domestic and returnee female entrepreneurs in China: is there an internationalisation effect?[J]. Int. J. of business and globalisation,2011,6(3/4).
③ BERNARD A B, MOXNES A, SAITO Y U. Production networks, geography, and firm performance[J]. Journal of Political Economy, 2019, 127(2):639-688.

惠互利的方式满足双方的利益需求并分担企业商业风险[①]。新生代华侨华人与海外商业网络关系成员之间的资源协同作用提升了外部资源利用效用,分担了初创企业的创业成本压力,促进了回国绩效的提高。

研究假设 H2 不成立,这说明新生代华侨华人的海外社会网络关系可能为回国创业者提供了一定的情感和经济支持,对回国创业绩效具有积极作用,但是作用不显著;或者新生代华侨华人的海外社会网络关系在实践中并不能为回国创业者提供实质性的帮助,对其回国创业绩效无法产生影响。相较于海外商业网络关系,海外社会网络关系更多聚焦在亲人、朋友、老乡这一类人群,他们的活动轨迹更加固定。随着创业者回国发展,海外社会网络关系成员与其之间的地理距离发生了显著变化,并且这群人也大多不具备商业伙伴的活动灵活性,距离过大带来难以替代的缺失。此外,海外社会网络关系更多是基于情感建立的联系,网络成员可能会出于谨慎和担忧,更希望新生代华侨华人回国能够优先就业,而非创业,对其创业的支持热情比较低。

(二)创业动机的调节作用

基于上述理论和数据分析结果,生存型动机在新生代华侨华人的海外网络关系和回国创业绩效之间产生了显著的负向调节作用,但发展型动机在新生代华侨华人的海外网络关系和回国创业绩效之间产生了显著的正向调节作用,研究假设 H3a、H3b、H4a、H4b 成立。

研究假设 H3a、H3b 成立,说明在生存型创业动机的情境下,新生代华侨华人无法高效、全面地利用海外资源;或者海外网络关系成员对回国创业者的支持力度降低,这些最终均削弱了海外网络关系对回国

---

① 何会涛,袁勇志.海外人才跨国创业研究现状探析与未来展望:基于双重网络嵌入视角[J].外国经济与管理,2012,34(6):1-8.

创业绩效的积极作用。新生代华侨华人更加惧怕失败和风险[①]，这种心理恰恰限制了他们对海外资源的利用，无法发挥出海外资源的最大化价值，甚至部分资源都无法得到利用。并且，海外商业合作伙伴和海外社会网络关系成员对新生代华侨华人回国创业行为的期待值不高，对于其回国创业回报预期较低，因此帮扶力度也将有所降低。

研究假设 H4a、H4b 成立，说明在发展型动机的情境下，新生代华侨华人有一定的资源基础和未来规划，对于海外资源的利用更加高效；或者是海外网络关系成员也乐意为其提供创业支持和帮扶，这些都会促进海外网络关系对回国创业绩效的积极效应。在发展型动机下，新生代华侨华人对未知领域的探索欲更强烈，对资源的整合更有计划性，促进其对海外资源的高效利用。而且，在这样的情境下，海外网络关系成员对其创业活动更加信任，信任带来较高的心理资本[②]，不仅激发了创业者的创业热情，也使得海外成员愿意提供更多的资源帮助其创业成功，取得更高的成就。

同时，本研究也进一步思考了为何新生代华侨华人海外社会网络关系单独对其回国创业绩效的影响不显著，反而加入创业动机后却变得显著的原因，可能是：在不明确新生代回国创业动机时，由于地域局限，海外社会网络关系能够提供的帮助也相对较少，但在了解其回国创业动机后，将海外社会网络成员可以根据实际情况提供更加符合情境的帮助与支持。

---

① 魏江，权予衡."创二代"创业动机、环境与创业幸福感的实证研究[J].管理学报，2014，11(9):1349-1357.

② 董静，赵策.家庭支持对农民创业动机的影响研究：兼论人缘关系的替代作用[J].中国人口科学，2019(1):61-75,127.

（三）文化差异的调节作用

基于上述理论和数据分析结果,文化差异负向调节新生代华侨华人的海外商业网络关系与海外社会网络关系对其回国创业绩效的影响作用,研究假设 H5a、H5b 成立。这说明中国和居住国之间的文化差异会影响海外资源的本土化利用,进而削弱海外网络关系对回国创业绩效的作用。一方面,由于中外文化差异较大,制度规则和社会规范存在差异,不仅会导致海外网络成员提供的资源与国内市场不兼容[1],还会增加进入中国市场的不确定性[2],增加创业失败的风险。另一方面,较高的文化差异意味着海外与新创企业的沟通和交易成本都相对较高,存在较大且无法控制的交易风险[3],降低了海外网络关系对其回国创业的帮助意愿。

二、理论贡献和管理启示

（一）理论贡献

基于上述研究结论,本书的理论贡献主要体现在以下三个部分:

（1）聚焦于新生代华侨华人这一群体,丰富了回流创业的相关研究。关于回流创业研究,海外不少学者进行了大量研究,然而国内对此

---

① 曹善玉.对有关华人高技术新移民政策的评述及建议[J].江西社会科学,2012,32(1):186-191.

② 杜健,鲁婕,金易,等.破解 OFDI 建立模式中的"文化距离悖论":注意力的调节作用[J].浙江大学学报(人文社会科学版),2021,51(1):111-128.

③ 赵甜,焦勇.文化差异与创新效率:基于中国上市公司 OFDI 数据的研究[J].山东社会科学,2021(12):145-151.

缺乏关注。关于华侨华人的创业问题研究,已有研究主要聚焦于海外创业,研究如何"走出去"的问题,只有极少的学者开始探究海外人才回流创业。本研究聚焦于当下最具经济活力和发展潜力的新生代华侨华人,研究其回流创业的影响机制,丰富了国内的回流创业研究成果。

(2)从网络关系的视角,新创企业的生存和发展是一个不断构建维持和治理外部网络的过程。虽然网络关系与创业绩效的影响研究得到了不少学者的关注,网络关系对于创业的作用研究也比较丰富,但更多的是以本地创业者和本地新创企业作为研究对象,忽视了海外回国创业者、回国创业企业、跨国企业可能存在的差异。现有研究中,新生代华侨华人独特的海外网络关系往往被泛泛而谈,较少将海外网络关系继续细化研究。本研究以新生代华侨华人为切入点,揭露了其海外商业网络关系与海外社会网络关系对其回国创业绩效的影响机制,不仅补充了网络关系相关领域的理论知识,同时也丰富了华侨华人相关领域的研究成果。

(3)本研究进一步从创业者内在因素(创业动机)和创业外部环境因素(文化差异)探讨其分别在新生代华侨华人海外商业网络关系和社会网络关系对其回国创业绩效间产生的不同的边界作用。从内外部两个角度分析新生代华侨华人回国创业过程中的可能影响因素及其影响机制,不仅充实了相关的研究成果,也为新生代回国创业者们做出了合理的理论指导。

(二)管理启示

随着"大众创业、万众创新"、"一带一路"以及"双循环"经济新发展格局等国家重大发展战略的实施推进,回国创业成为越来越多新生代华侨华人创业者的选择。基于此,本书以回国创业的新生华侨华人为研究样本,通过实证研究,揭露了新生代华侨华人海外商业网络关系与海外社会网络关系的影响机制,并且进一步探究了生存型创业动机、发展型创业动机和文化差异产生的边界作用。最终根据以上实证研究结果,提出以下几个方面的管理启示:

(1)积极运用海外商业网络,提高回国创业绩效。新生代华侨华人长期侨居海外,海外商业网络关系为其提供的创业帮助是具有针对性和实用性的。因此,回国创业应当尽可能通过海外的商业网络关系,引进先进的产品技术和前沿的管理理念,这不仅能够增强企业的核心竞争力,同时也能够帮助企业有效提升创业绩效。

(2)生存型动机的回国创业者不要过分依赖于海外网络关系,抓紧顺应本土化发展,发展本土网络关系。在这种情境下,海外的网络关系资源已经不能为其持续提供显著的积极作用,在海外资源的帮助下,创业者应该快速在国内市场扎根,果断放弃海外的不可利用资源,将目光聚焦在本土的市场,积极开拓本土的关系资源。

(3)发展型动机的回国创业者应当尽可能地发挥海外商业网络关系与海外社会网络关系所能提供的资源与信息,助力其创业发展。在这种情境下,海外网络关系资源正是成熟的、即用的异质性资源,帮助企业更快速地与国际接轨,进行创新发展,提升企业的核心竞争力。

(4)克服文化差异,快速融入中国市场。从回国创业者视角而论,新生代华侨华人回国创业势必面临地域之间的文化差异的困境,其海外网络关系中的资源或将存在"外来局限"和"不适应"。对此,创业者应当尽可能地克服文化差异带来的负向影响,加强与海外商业网络关系的联系,将中国市场机遇传递给他们,从而促进更多的商业合作机会;积极与海外社会网络关系成员进行深层次的沟通,弥补他们对中国文化环境的不足认知,提升资源的有效性。

三、研究不足

本书虽然丰富了创业理论研究,对完善创业路径实现具有一定的贡献,但仍存在一定的不足。

第一,本研究是从新生代华侨华人的特定网络关系(海外网络关系)的视角对其回国创业绩效进行理论研究。从商业网络和社会网络两个方面说明海外网络关系对创业绩效的直接关系,忽视了其他网络关系的影响作用,譬如政治网络关系、本土网络关系。未来可以从更多角度更为全面地研究新生代华侨华人的网络关系对其回国创业的影响。

第二,本研究验证了网络关系对创业绩效的直接影响作用,忽视了网络关系与创业绩效的复杂关系还需要中介变量(如市场适应能力、开拓能力)的因果关系,以及其他的内外界因素(如创业教育、政策支持),这些都需要构建更加复杂的关系模型进行深入研究。

第三,由于新生代华侨华人的客观数据搜集有一定的难度,本研究虽然邀请了符合研究内容的新生代华侨华人来填写问卷,尽可能地保证数据的准确性,但是受研究经验和时间、研究对象(回国创业的新生代华侨华人)的限制,本研究所获得的一手资料受到局限,数据相对薄弱,且没有进行动态的数据跟踪来反映研究变量的演化过程。未来需要搜集客观数据并利用动态数据对相关研究进行进一步验证。

本篇小结

首先,本篇基于网络关系理论,构建了研究模型,对变量之间的影响机制展开了详细的逻辑推导,最终提出新生代华侨华人的海外商业、社会网络关系对其回国创业绩效产生积极作用的假设;生存型创业动机在海外商业、社会网络关系和回国创业绩效中起负向调节作用;发展型创业动机在海外商业、社会网络关系和回国创业绩效中起正向调节作用;文化差异在海外商业、社会网络关系和回国创业绩效中起负向调节作用。

其次,为了检验本篇所提出的研究模型与一系列研究假设,本篇采用了学术界较为常用的问卷调查法,搜集相关的样本数据,并进行实证研究。从变量测量、问卷设计、预调研工作、信效度检验等多个方面合理地形成本研究的正式问卷,最终投放至正式调研中。

再次,通过正式调研的数据搜集,共获取 156 份新生代回国创业者的问卷调查,采用了描述性统计分析、信效度检验、相关性分析、层次回归分析等数据分析方法进行了实证研究,结果表明:除新生代华侨华人海外社会网络关系对其回国创业绩效的正向影响不显著以外,其他假设均得到了检验。

最后,本篇综合了实证研究结果和新生代华侨华人回国创业的实践情况,加以讨论,对本篇的研究结论进行了详细的描述,并且提出了符合新生代华侨华人回国创业者的理论贡献和管理启示。

第三篇 案例分析与对策建议

第九章　新生代华侨华人回国创业的案例分析和对策建议[*]

一、澳大利亚华商回国创业之路

（一）丁总的个人简介

改革开放初期,中国以稚嫩的步伐走向世界。一批批国人乘着改革开放的春风走出国门,心中怀揣梦想"闯"世界。在这片充满活力的沿海大地上,涌现出许多学有所成后回国经商的企业家,丁总亦是其中一位。在工厂初次见到丁总时,他身穿工装服与工人在车间质检家具,瘦弱的身形在人群中虽不显眼,但目光深邃,说话铿锵有力,引人注目。

在访谈的过程中,从他的回答中能够感受到他努力拼搏向上的精神,尤其是他讲述在国外创业的经历。改革初期,本科生是凤毛麟角的存在,丁总在大学本科毕业后接到许多知名企业抛出的橄榄枝,但丁总一心只想用所学知识致力于发展自家企业。丁父在那艰苦时代白手起家,靠着自己的双手和头脑干出一番事业,更明白教育的重要性,有条

＊　本书应案例企业要求进行适当的匿名化处理。

件有能力之后更希望丁总走过国门深造学习,看看外面的世界开拓视野。在丁父的一再坚持与鼓励下,丁总遵循父亲的意思选择出国留学。

在留学时,丁总并不是一个"安分守己"的人,在兼顾学业的同时他送过外卖、派过传单、做过装修工、超市销售员,如丁总回忆的"趁着年轻多折腾"。在新加坡进修完会计研究生后,他又前往澳大利亚悉尼卧龙岗进修金融学。在留学时,闽南人热情大方的性格在丁总身上发挥得淋漓尽致,加上优异的成绩,他时常被学校邀请作为华人学生代表出席活动,"混迹"在不同专业领域的场合之中,丁总结识到许多不同国家不同专业的高学历人才。六年留学时光一晃而过,海外的所见所闻使得丁总开阔了眼界,增长了见识,更丰富了人生阅历。

所谓"思想决定行动,眼界决定高度",在澳大利亚留学生活过程中,感受到澳洲的生活环境舒适、居民福利政策好、人文素养高、生活成本低等,尤其是当地政府针对高学历创业的优待政策,让丁总看到了创业机会。也许是闽南人骨子里"敢闯敢拼"的那股冲劲激励着他去挑战更多的可能性,毕业后的丁总并没有着急马上回国,而是选择留在澳大利亚定居和创业,希望通过自身努力成就一番事业。

(二)海外结识朋友, 丁总澳洲创业

丁总并没有着急马上创业,而是把创业的想法与留学期间认识的当地好友进行讨论分析,通过朋友的介绍了解到当地创业的福利政策,并在实地走访观察中发现邮局是人们日常所需的,于是想把中国邮局那种成本低而且运营简单的经营模式引入澳洲。在好友的帮助下,他以最低成本经营起了一家邮局,开始了他的第一次创业。然而现实的冰冷局面与原本的设想完全不同,开店后不久他就发现,国外邮局与国内邮局的运营模式不一样,国内邮局是国家管控运营,主要经营范围是文件与信件邮寄,而国外邮局可私人购买经营,经营售卖的产品相对自由,如跨国订单、日常生活物品等。不仅如此,丁总并不能完全理解当地人的消费习惯,导致前期运营不适应,邮局处于亏损状态。

眼看第一次创业要以失败告终,丁总心有不甘。在妻子的鼓励和当地朋友的帮助下,丁总开始走访学习当地的邮局经营模式,并且观察了解当地人的消费习惯。丁总的邮局地处地理条件优越的旅游景点附近,周末或者假期的人流络绎不绝,于是他以游客为重点推销对象,在邮局售卖明信片、城市地标饰品、特产和福利彩票等。福利彩票是澳大利亚邮局最大的特色,也是丁总的邮局转危为机的重大转折点。曾经有人在丁总的邮局购买福利彩票中了 100 万欧元的大奖,为此还有当地新闻记者登门采访报道。丁总有着较高的市场敏感度和洞察力,他抓住这一波热点,找到在当地新闻社工作的朋友帮忙,在朋友的推波助澜之下,丁总经营的邮局成为全城焦点,福利彩票公司更是为其登报宣传,吸引当地居民甚至游客前来购买福利彩票。这一次的福利彩票中奖事件,让丁总的邮局在澳大利亚当地成功打响,盈利快速增长,邮局当年的净盈利就达到 20 万欧元。

"机会不会上门来找,只有人去找机会。"这句话用来形容丁总极为贴切。在一次和朋友的聚会中,从事政府工作的朋友告知丁总,政府准备对本地的旅游景点进行重点扶持,大量的品牌商家和房地产会入驻当地。丁总从中嗅到商机,立马调整经营。为了捷足先登抢占市场先机,丁总扩大邮局经营业务范围,出售进口质量好、价格便宜的装修材料,并找到地方电视台工作的朋友,花重金在黄金档插播一条 30 秒的广告宣传。热情大方、善于交际的性格,让丁总在经营邮局的过程中认识了很多当地的装修工人和施工队。当地人有新房或者店铺需要装修时,都会来邮局找丁总介绍和推荐施工团队,于是丁总逐渐成为本地小有名气的"名人",为后续的创业活动奠定了一定的基础。

爱拼才会赢的奋斗精神融入了闽南人的每一滴血液,在丁总身上更是体现得淋漓尽致。雄心勃勃的丁总并不安于现状,邮局的运营已经无法满足丁总的事业蓝图。经过长期的观察和市场调研,他发现,澳大利亚的装修工人属于稀缺技术人员,而当地的施工队都属于个体自由经营,接到第三方介绍的施工订单时多以临时组织进行施工,没有正规的公司或者组织进行管理。考虑到自身可以提供便宜的装修原材料,还在本土具有一定的影响力,丁总决定雇佣当地装修工和施工队组建成一支工程队,开始承接一些当地装修工程,比如门店装修、住宅公寓装修、超市装修之类比较简单的工程。随着工程队规模的扩大,工程订单不断增加,丁总分身乏术,于是把邮局转给他的妻子去经营,而他则全心投入工程队经营管理当中。1989 年,凭借着邮局成功运营的经验和积累的资金,丁总在澳洲当地创立了一家小型装修公司,名为 G. H. D Fittings 家居公司。在当地朋友们的宣传帮助下,G. H. D Fittings 家居公司很快就声名远扬,过硬的质量、良好的口碑给他带来了很多装修订单和当地企业的合作项目。

良师益友不仅可以滋养人生,对创业历程也大有助益。丁总出国留学前在兰州大学读本科时,便结识了该校企业管理专业的杨教授。他们时常会讨论国内外经济政治话题,从民生聊到政治、经济再到日常生活,无所不谈。在创业过程中,杨教授更是给丁总提了很多建议。一次偶然的机会,杨教授到澳大利亚旅游,还特地到丁总的 G. H. D Fittings 家居公司参观,并且引荐了一名在澳洲进修建筑学的学生段总。段总在澳大利亚已经取得高级工程师资格证,在房屋装修、房屋设计方面颇有心得,并且在当地家居装修行业中也小有名气。在杨教授的引荐之下,段总与丁总的关系很快就熟络起来,时常在一起研究装修设计问题。段总认为澳大利亚作为西方发达经济体之一,虽地广人稀,但澳大利亚居民对居住房屋的环保理念普遍较高,并且比较注重生活质量和家庭内部环境,追求彰显个性,舍得在家居装修方面进行投入。同时,在澳洲购买橱柜等定制家居产品时,消费者会遇到各种问题,定制产品没有统一标准,市场上的产品也是良莠不齐,房屋家居定制市场在澳大利亚尚存在较大的发展潜力。丁总对段总就家居市场的现状分析给予肯定,对于澳洲家居市场的发展前景更是充满了信心,两人一拍即合成为合作伙伴。

在段总的建议之下,丁总扩大了公司的经营范围,在装修的过程中提供一项新服务——家具定制,这项服务受到当地人的欢迎。段总对房屋构造定制、超前的设计,使家具定制广受好评。自两人"双剑合璧"后,在当地的华人商圈乃至家居行业圈中,G.H.D公司以质量铸诚信,以过硬的工艺产品质量、优质的品牌性价比、简单灵活的DIY组装家居颠覆了大众消费市场,家居的"积木"式玩法深受国外顾客的好评与同行的肯定,在澳大利亚明星家居行业中更是占有一席之地。特别是经政客朋友引荐,其产品得到了当地政府认可,并与当地政府建立了长期合作关系,这使得G.H.D家居公司在澳大利亚本地名声大噪。此次的创业成功,成为丁总创业经历中浓墨重彩的一笔。

当然,创业之路不会一帆风顺,而是经常会经历风雨与坎坷。G.H.D公司在家居原材料方面一直采用的是进口材料,加上各种工艺技术,再到推销售卖,整体的利润空间比较有限。两人为此想了很多办法,尝试了很多降低成本的方案,最后都以失败告终。丁总在一次同行的聚会中,了解到国内家居牌子所用的原材料相对比较便宜,自动化工艺成熟,不仅总体成本较低,而且最终家居成品销售的价格较高,中间的利润空间大。丁总顿时有了想法,他把自家邮局作为物流运输通道,通过把国内的原材料进口到澳洲进行加工生产成家具售卖以降低成本。经过一段时间的运营,定制家居的利润确实得到很大的提升,但质量问题也随之而来。由于中国与澳大利亚海上运输距离较远,天气不可控、海运时间长等因素使得在运输过程中原材料频频出现问题。在房屋装修和家具完工之后,客户使用一段时间便纷纷反馈质量出现问题,导致大量的返工,公司业绩直线下滑,品牌口碑与质量也受到了严重的损害和质疑。国内原材料的质量无法适应国外市场的需求,在返工过程中出现很多质量问题,譬如产品抛光、木料硬度不合格等质量检验不过关等。然而澳大利亚当地消费者对产品品质要求较高,尽管国内材料的成本低,但在产品反复返工的过程中产生的施工成本以及物流成本,不仅挤压了原有的利润空间,并且浪费了大量的时间成本和精力,这不是金钱能够衡量的,业绩出现亏损状态,公司再次陷入困境。

(三)丁总回国创业发展

丁总没有因为困境而坐以待毙,他通过对国内家居市场的调研认识到,随着国内家居定制概念的进一步深化,消费者对定制家居的要求也越来越高,生产工艺不断往精细化和高端化发展。因此,丁总与国内家具加工厂合作,在国内将原材料加工成半成品并做好各种防护包装,再通过海运将半成品运到澳大利亚以后,便可以立即安排当地工人上门安装。这样不仅大大地降低了制造成本、提高了产能,也解决了前期存在的质量问题。随着对国内家居市场的进一步深入了解,丁总发现家居私人定制在国内的市场前景也不可限量,于是决定回国创业。为了能够顺利回国,丁总咨询了国内的相关部门和机构,也包括杨教授,得到了很多切实可用的回国建议。在朋友的鼓励和政策的支持下,加上国内针对华侨华人回国创业出台了一系列优惠政策,丁总对回国创业充满信心。

2017年，丁总通过澳大利亚公司G.H.D Fittings在中国福建泉州投资300万建立生产基地，命名为"哈迪斯家居实业有限公司"，引进德国最先进的HOMAG CNC机械自动化生产设备，总占地面积4万平方米，在中国福建南安露江工业园拥有现代生产基地，这也是哈迪斯公司创造核心价值的基地，是一个融合时尚设计和先进技术的创新优化体系。为了支持丁总回国发展，段总带资入股加入哈迪斯。他们把澳洲先进的生产技术和前卫的设计理念带回中国公司哈迪斯，并让国内技术团队与澳洲的技术团队紧密交流与合作，国内外技术信息同步共享，不断提升生产质量和生产效率。他们两人都是在中国长大的，家庭成员也很多在国内。回国创业初期，他们就通过国内的人脉关系拿下许多工程大单，例如精装房、酒店装饰、大型商场等。国内生产基地的建立和成熟运作对澳洲公司G.H.D Fittings而言，彻底解决了生产端的难题。丁总和段总便将G.H.D Fittings在澳洲的经营重心聚焦到酒店、商城和高档住宅的家居设计以及先进工艺技术的研发方面。这样便形成了澳洲公司负责设计与技术研发、国内公司负责生产制造的完美组合。几年经营下来，简约的家居设计风格和高性价比的产品与服务备受国内外工程装修和家庭装修高端市场的青睐，市场份额和利润率也在逐年攀升。经过多年的不懈努力和精心钻营，丁总对未来的发展充满了信心与期待。

二、菲律宾华商回国创业之路

（一）陈总的个人简介

改革开放以来，中国经济实力迅速增强，营商环境显著提升，催生了华侨华人回国投资创业的浪潮。越来越多的海外侨胞带着回报桑梓的热忱，以前瞻性的视野和务实奋斗的姿态，赋能侨乡发展，将梦想种在乡土，陈总亦是其中一位。

初见陈总是在他的办公室，我们不自觉地被他的气场所吸引，其双目炯炯有神，洪亮的嗓音中蕴含着饱满的情绪。其办公室布局简约朴素，桌上一张泛黄的合照引人注目，据陈总介绍，这是他与好友抵达菲律宾的第一张合照，也是他追逐梦想的第一步，对他来说意义非凡。

他的创业故事便从这一张照片说起。在改革开放初期，拥有大车驾驶证就拥有了铁饭碗，23 岁的陈总便是考大车驾驶证中的一员，但当时考试要求较为严苛，需要对大车的机械架构熟悉，还需要懂得一定的维修技术。这一难题不但没有难倒陈总，反而激起了他对机械的兴趣，通过努力，他顺利考得了大客车驾驶证。恰逢其时，陈总的一位朋友在菲律宾本地开了一家机械维修厂，在家里人的支持与鼓励下，陈总只身前往菲律宾"投靠"朋友学习机械技术。

陈总在菲律宾学习机械技术期间，为了生计在餐饮店打过工、卖过水果，还当过货车司机运送货物，用他的话来说："趁着年轻多折腾，多学习，现在积累的一切，在未来终会成为一笔宝贵的财富。"在朋友的引荐下，陈总来到当地一家纺织厂工作。热情大方的性格使得陈总与工厂技工很快熟络，他向他们学习纺织技术，加上认真负责的工作态度，陈总很快就晋升到工厂生产线的组长。他在生产线上刻苦钻研学习纺织，积累了许多纺织工艺与生产技术知识和经验。在菲律宾工作的经历，使陈总开阔眼界、增长见识，丰富了人生阅历。时间一晃来到了1995 年，随着年龄的增长，漂泊他乡的日子始终无法克制他浓浓的思乡之情，怀着对故土家乡的热爱，他放弃了高薪技工工作，决定返乡创业。陈总回到家乡福建石狮开了一家纺织厂。扎实过硬的产品质量，让陈总的纺织厂在当地深受欢迎,加上那时归国华侨的特殊性,也让当地人信服,这给他带来很多订单和当地企业的合作项目。然而,纺织厂稳定的经营收入并没有使陈总安于现状。

用"睿智的人捕捉商机,普通的人追随商机"这句话来形容陈总高度的市场敏感度和洞察力再适合不过。陈总在一次回菲律宾探亲过程中发现,当地母婴用品参差不齐,有条件的会给婴儿用纸尿裤,没有条件的只能用裹布反复使用。陈总咨询当地朋友得知,由于菲律宾的传统宗教文化,大部分人都信教,避孕和堕胎是被禁止的行为,因此母婴用品一直以来都是菲律宾市场较大的需求端口。陈总与好友一同进行了市场调研,菲律宾每年有超过 170 万名婴儿出生,每名妇女平均有 2.6 名孩子,生育率高于世界及区域平均水平,这也为母婴用品供应商提供了大好商机。经过前期的资金与技术积累后,陈总与好友经过调研后决定在菲律宾投资建厂。

(二)菲律宾政府和朋友帮助陈总创业

陈总与好友并没有着急马上开办工厂,而是通过当地政客朋友的引荐和交流熟悉当地投资创业的福利政策,并与相关部门建立长期联系。在当地政府与朋友的支持和帮助之下,1998 年,正式成立美××(菲律宾)卫生用品有限公司,主要经营生产婴幼儿纸尿裤、医用纸尿裤、卫生巾等产品,美××集团第一家公司在菲律宾创立。

每一次经历都是一种历练,每一次历练都是一种成长。陈总在菲律宾经营美××初期,为了能够提高工厂生产力,把国内纺织厂的技术工人调到菲律宾指导当地员工。但由于双方工人生活习惯与文化的差异,加上语言交流存在障碍,导致沟通效率不高,不但无法提高生产率,还引起了双方工人的矛盾冲突,从而导致前期运营持续处于亏损状态。

这件事让陈总头痛不已,但他并没有气馁。在一次偶然间,他遇到了他在菲律宾工作时的技术部工友,在交流中得知原纺织工厂由于资金问题经营不善倒闭了,原工厂的员工基本处于待业状态。陈总把在菲律宾投资建厂的情况与朋友述说,并且有意愿将原来工厂的工友们招聘到自己的工厂当中。雇佣当地居民不仅解决了美××公司内部的员工沟通交流问题,还为当地提供了大量的就业机会,带动了当地经济发展,受到了菲律宾当地政府的高度赞扬和重视。

为了让企业扎根于菲律宾,地方政府将美××公司列为重点帮扶对象,并称之为"成功的外资企业"。菲律宾地理位置优越,多以平原为主,水源多日光足,当地棉花产量充足。在当地政府的牵线搭桥之下,陈总与当地棉花种植基地建立了长期合作关系,大幅度降低了原材料的进货价格。为了能够提高生产品质,陈总经常跟当地科技部门和业界朋友前往德国、日本等国家调研学习生产纸尿裤的新技术,并且引进了德国先进生产设备,迅速提升产品生产品质和效率。

美××的成功离不开当地政府及朋友的帮助,这也是陈总创业经历中最重要的社会资本。在菲律宾创业期间,陈总时常被当地政府和业界朋友邀请作为华侨华人代表出席活动,"混迹"在不同专业领域的场合当中,陈总借此快速扩展自身的人脉关系。过硬的产品质量使得美××在菲律宾母婴产品市场占据了重要地位,借助许多电台以及广告公司的独家采访与广告宣传,以及当地政府和好友的推波助澜,美××(菲律宾)卫生用品有限公司在菲律宾迅速声名远扬。由于菲律宾是岛国,拥有多个岛屿,陈总在菲律宾各个城市的大中型超市和便利店都设立了零售专柜。为了迎合不同年龄段的婴幼儿宝宝,美××推出了"奇酷"系列产品,可爱活泼的卡通形象深受婴幼儿和宝妈们的喜欢,美××迅速发展成为菲律宾本土家喻户晓的明星品牌。

经过几年的发展,美××已成为菲律宾母婴产品行业中的龙头企业,并以菲律宾为辐射核心,产品销售和分销网络覆盖东南亚、欧美、非洲等国家和地区,深受广大消费者的青睐。美××的产品还通过了美国食品药监局 FDA 和 CE 五大国际体系的认证,达到了全球顶尖卫生用品的品质控制标准。

（三）陈总回国投资创业

随着中国经济的不断发展,人们的物质生活水平不断提高,国内消费者对产品安全的重视程度不断提升。特别是母婴用品,越来越多的家庭和宝妈们都十分注重婴幼儿产品的安全。但当时国内的母婴产品质量参差不齐,存在很多质量不达标的产品,严重危害到中国婴幼儿的健康。在一次商会交流中,商会好友提及国内某母婴品牌质量问题的新闻事件,引起陈总的注意。由于国内人口多,市场需求总量巨大,许多小作坊生产"三无"产品到市场以次充好,引发许多婴幼儿安全事件。这就导致当时国内高品质的母婴用品多以进口为主,价格较为昂贵。于是,陈总决定要打造国内民族品牌,为中国母婴市场提供优质平价、安全舒适的产品。多年来,陈总刻苦钻研产品研发与生产,过硬的产品质量给了他回国发展创业的信心。

"源起亚洲,立足全球"是陈总布局全球市场的雄心目标。凭借先进技术的原始积累,陈总开始进行产品与品牌同步发展的扩张之路。2003 年,陈总决定在中国香港成立美××（香港）卫生用品有限公司,并创建了行业内领先的产品研发中心及科研团队。陈总个人善于交际,时常在各种商会中学习交流,结交了许多专业领域的人才以及专业人士,还通过在海外建立的合作关系获取先进的生产技术和丰富的企业管理经验。美××（香港）卫生用品有限公司与国外 Bostik、Banglida、

Sumitomo、H.B.Fuller 等世界级知名供应商保持长期合作,从源头保障品质。美××以迅雷不及掩耳之势迅速成为行业的一股新生品牌领导力量,开启了美××在中国的成长之旅。

随着年龄的增长,游子在外漂泊始终不忘思乡之情,功成名就的陈总决定要为家乡福建的经济发展做出自己的贡献。2007年,在福建泉州石狮市政府的招商政策及相关部门的推动帮助下,陈总在石狮投资1.2亿人民币,成立了美××(福建)卫生用品有限公司,拥有占地两万平方米的现代化生产基地,并且进口德国自动生产设备(自动化婴儿尿裤生产线八条、成人尿裤一条、卫生巾与护垫四条),其年产值可达12亿元人民币。据陈总介绍,国内市场目前婴儿纸尿裤的购买群体以年轻妈妈为主,她们不仅要求产品高品质,还追求产品的差异化,生产商需要不断推陈出新才能赢得她们的偏爱。"年度新品"已经赶不上消费者喜好的转变速度,半年甚至更短周期的新品才能适应市场。尽管美××旗下的奇酷纸尿裤品牌根植于海外市场,通过卡通形象赢得海外市场的好评,但在进军国内市场时,由于海外市场的卡通人物并不被国内消费者所熟知,导致产品销量不高。于是,陈总团队决定采用IP漫画的形式,通过与中国动漫企业进行跨界合作,打造专属于中国市场的IP形象。随后,美××(福建)公司通过动画片《奇酷宝贝计划之大爱无疆》成功与消费者拉近了距离。针对越来越看重"颜值"的消费者,美××在产品外观及外包装的设计上下足了功夫,产品设计力求贴合年轻人的审美理念,统一包装样式,全面改版升级。同时,公司还与模特公司签署了特定的模特形象,使用可爱宝宝的形象辅以清新亮丽的颜色,吸引年轻宝妈们的目光。随着产品的全面升级,销售渠道也从之前单一的区域经销代理转型升级,增加母婴门店、连锁系统、电商等渠道,实现多渠道全面发展。经过精心维护,产品在乐友、米氏等多家国内知名婴童连锁店中均取得了不俗的业绩。面对中国消费市场的快速变化,陈总认为这既是挑战,也是商机,只有加快产品研发周期,不断推陈出新方能成功占领市场,乃至引领市场。同时,美××通过引进海外先进生产技术和设备,提高生产效率,降低生产成本,做到物美价廉。

经过多年海内外市场的同步发展,美××集团已经发展成为全球性跨国实业投资企业。自2007年回国创业以来,美××(福建)公司专注卫生用品16年,以严苛的品质管控久经市场考验,成功在中国市场落地生根,茁壮成长。目前美××集团拥有婴儿纸尿裤、成人纸尿裤、宠物纸尿裤等7大品类的产供销全供应链一体化平台,已形成了完善的产业链体系,拥有全球9大生产基地,4个供应链子公司,其中在中国的四大生产基地总面积近30万平方米。除"奇酷"品牌以外,美××集团旗下目前还拥有"Transcend强臣""HAKI HAKI""LAMPEIN蓝品鹅"等国内外知名品牌,足迹遍布六大洲,产品覆盖全球81个国家,深受广大消费者青睐。

陈总始终秉持着一颗服务社会的仁心,坚持做行动者,脚踏实地,稳扎稳打,步步为营。"做企业、做品牌、做产品,要凭着自己的良心,用心为之。"陈总带领企业一直坚持"怀仁心,志行天下"的企业文化,以转型求发展,用实力铸就明星企业,以高品质打造"来自中国的国际品牌"。

三、案例分析

(一)澳大利亚华商回国创业之路的案例分析

1.基本背景

大学毕业的丁总,在国外初次创业建立了邮局,利用邮局彩票的热度打开了澳大利亚的市场,获得了一系列的资源帮助,其中包括资金、政策信息等。后续又进一步在家居市场创业,成功建立了 G.H.D Fittings 企业。在国外的初步发展过程中,丁总积累了很多网络关系,其中包括了海外商业网络关系与海外社会网络关系的构建,这些网络关系的搭建推动丁总的回国发展,提升了丁总回国发展的创业绩效。基于本研究的理论模型,以下将针对丁总创业过程中所获得的海内外网络资源进行分析,具体内容归纳如表 9-1 所示。

表 9-1　澳大利亚华商网络资源帮助

时间	创业企业	海外商业网络资源	海外社会网络资源
回国前	邮局	新闻社好友宣传邮局彩票中奖事件,吸引客户 广告公司好友宣传邮局,打开市场。	妻子、好友等的情感支持
	G.H.D Fittings	商业聚会获取了商业信息,华商聚会获取了国内发展趋势	好友宣传打开市场,通过杨老师结识段总
回国后	哈迪斯	段总的资金支持,人才支持	家人、好友的资金支持与情感支持; 好友拉来了客户订单,初步打开了国内市场

资料来源:本研究整理所得。

2.海外商业网络资源分析

当丁总在海外初次创业时,他便获得了许多商业网络关系的帮助(见表 9-1)。在初建邮局的过程中,丁总通过在新闻社的朋友对邮局彩票进行宣传,初步打开了邮局彩票在澳大利亚的市场,他也因此谋得了人生的第一桶金。顺着邮局彩票的热度,丁总又让在广告公司的好友对邮局进行了宣传炒作,进一步推动了邮局的其他业务,扩大了邮局在澳大利亚的业务经营。在邮局的发展过程中,丁总依靠着前期建立的商业网络,认识了在当地进行个体自由经营的装修队和施工队,为丁总后续进行再次创业奠定了商业人脉基础。在海外创业的过程中,海外商业网络对丁总的支持和对企业绩效的推动发挥了极大的作用,大大提高了丁总在海外创业成功的可能性。

邮局的建立已经使得丁总的海外商业网络关系逐渐丰富,他们所提供的商业信息也促使丁总开启了新的创业历程,建立了名为 G.H.D Fittings 的小型家居装修公司。在创办过程中,丁总虽然面临重重困境,但是也遇到了很多贵人。例如:在初创阶段,他通过杨老师的介绍认识了合作伙伴段总,段总的加入不仅带来了更多的人脉和资源,也进一步优化了企业产品的设计与质量,还对丁总后续的发展决策有着重要的影响。随着创业活动的不断发展,同行的市场交流让丁总了解到国内原材料的信息,他一番权衡之后决定对 G.H.D Fittings 进行战略调整,通过从国内直接进货以降低生产材料成本。丁总又凭借自己的高市场灵敏度在华商聚会过程中发现了回国创业的商机……在回国创业初期,作为合作伙伴的段总也为丁总回国发展提供一定的资金支持和人才支持。回国创业后,丁总在海外建立的商业网络关系对他回国内的创业发展发挥着不可忽视的作用。

3.海外社会网络资源分析

如表 9-1 所示,在邮局的创办过程中,虽然也曾面临举步维艰的困境,但是在妻子与好友的大力支持下,丁总坚定了继续"走"下去的信心和决心,也正是因为这份坚持,才有了邮局的成功。在杨老师的介绍下,丁总也遇到了一生的挚友。作为朋友的段总,不仅为丁总回国发展提供了情感支持,在回国创业初期不稳定的状态下,段总的支持更像是丁总回国发展的一枚"定心丸"。更重要的是,家人与朋友的情感支持让丁光辉对回国发展充满信心,还为企业拉来了订单,进一步打开了在国内的市场。在丁总的创业过程中,他的好友都积极地为企业进行宣传,提高了企业的知名度。海外社会网络关系对他的整个创业过程都不容小觑。

4.结论

在丁总的回国创业中,他在海外多年积累下来的关系网络为他回国创业奠定了良好的物质基础,提供了丰富的资源帮助。基于上述分析,海外商业网络与海外社会网络都极大地帮助了丁总回国创业发展。丁总回国创业是建立在海外成功创业的基础之上的,他之所以选择回国创业是为了让自己和海外的公司都能得到进一步的发展,其创业动机就是本书研究的两种创业动机中的一种,即发展型创业动机。因此,我们从这个案例中,不仅验证了海外商业和社会网络关系可以积极影响华侨华人的回国创业绩效,也证明了发展型动机可以进一步加强海外网络关系的积极作用。这一结论与我们在上述篇章的实证研究结论保持一致。

(二)菲律宾华商回国创业之路的案例分析

1.基本背景

23岁的陈总迫于生活压力去菲律宾学习机械技术,后来进入菲律宾纺织厂工作。陈总的第一次创业成功就是回福建石狮创建纺织厂,借助之前在菲律宾的工作经验、过硬的生产技术和相关的人脉关系,陈总的第一次创业就取得了成功。后来在回菲律宾探亲期间,陈总敏锐地发现了当地母婴用品市场的商机,在1998年创立了美××(菲律宾)卫生用品有限公司,这是陈总的第二次创业,也是一次成功的海外创业。陈总再次回国创业是对美××(菲律宾)卫生用品有限公司的市场扩张和战略延伸,这次回国创业成功将美××集团发展成为一家全球性的集团公司。仔细分析陈总的创业历程,不难发现,他借助海内外网络关系资源(详见表9-2),在一次又一次的创业挑战中成功开辟出了自己的道路。

表 9-2 菲律宾华侨华商的网络资源帮助

时间段	创办企业	海外商业网络	海外社会网络
回国前	学习机械技术和纺织厂打工 美××(菲律宾)	业界朋友提供技术和人才支持	好友投资建厂; 朋友的宣传支持; 结识更加高层次的社会关系
回国后	创建纺织工厂 美××(中国)	凭借商业网络挖掘高端人才, 获得高端技术和前沿信息资源	家人与朋友的支持

资料来源:本研究整理所得

2.海外商业网络资源分析

如表9-2所示,陈总正是因为与海外商业网络成员的信息沟通和交流,才抓住了回国创业的契机。也正是因为海外商业和技术层面的支持,陈总几次回国创业才都取得了成功。海外商业网络不仅在回国创业过程中为他提供了很多资金帮助与人才支持,还提供了技术支持。陈总与菲律宾华侨华人圈的频繁互动交流,促使他在华侨华人圈里拥有举足轻重的地位,也因此与其他华侨华人企业建立了长期战略合作关系。美××进驻中国香港后,陈总一方面借助华侨华人圈高层次精英的人脉关系对中国市场进行深入的交流学习,也因此挖掘到许多专业人才。另一方面,利用丰富的海外商业网络关系获取了海外的前沿科技与生产技术,为美××在中国的事业发展奠定技术基础。

3.海外社会网络资源分析

基于在菲律宾共同奋斗的情谊,陈总与好友之间建立了稳固的社会关联,他也因此获得了许多资金方面的帮助。在面临困难时,朋友不仅提供了情感帮助,也给予了陈总许多建设性意见,为其创建美××

（菲律宾）提供了强大的支持。在美××（菲律宾）的初创过程中，虽然遇到了语言不通的阻碍，但也得到了之前结交的技术工友的帮助。随后又在朋友的宣传与支持下，美××进一步在菲律宾扩张了市场，提升了知名度。在回国创业初期，华侨华人圈的好友给予了陈总许多资源帮助，其中包括资金帮助、情感支持、人才资本和国内外信息资源。他还通过朋友的介绍，出席了诸多相关活动，结识到了不同国家不同专业的高学历人才，增加了企业发展与创新的可能性。不管是华侨华人社团还是海外华商商会都在不同程度上给予其很大的帮助。总之，美××回国创业的成功离不开朋友的帮助，也离不开家人的支持。

4.结论

虽说陈总的创业之路不是一帆风顺，但他善于利用人脉关系化险为夷，实现了一次又一次的创业成功。在陈总回国创业的过程中，不管是海外商业网络还是海外社会网络都发挥了十分积极的影响作用，每一次成功都来自陈总在海外（菲律宾）积累的知识、经验、技术、资金等关键性的创业资源。陈总的每一次回国创业都是出于发展型的创业动机，都是为了实现自己宏大的人生目标。陈总的每一次回国创业经历同样进一步支撑了本书在上述篇章的实证研究结论。

四、促进新生代华侨华人回国创业的对策建议

新生代华侨华人拥有独特的网络关系、双重语言文化的优势，不仅能够给中国带来更多的经济与技术发展，而且对于构建人类命运共同体也有着极大的促进作用。对此，我们应该充分发挥新生代华侨华人的独特资源优势，为"一带一路"和"双循环"发展建设献计献力。本书将基于上述理论、实证和案例研究结论，从以下几个方面对促进新生代

华侨华人回国创业提出相应的对策建议:

(1)以侨搭桥,借助新生代华侨华人的海外商业网络关系,对接本土商业资源,创造本土商业机会。对于回国创业的新生代华侨华人而言,创业重点和难点之一在于新创企业如何高效地实现本土化。创业并不是简单地增加人员和据点,如果不能有效解决市场需求就没有成功的可能。政府可以在吸引或者引进海外人才和企业的同时,为其提供中国市场上的本土化服务,譬如促进回国创业企业与国内本土人才的对接,帮助其与具有知名度的中国本土品牌以合作的方式进入市场……特别是对于跨国企业,政府可以赋予中国部门市场业务的自主权,使其可以自主建立本土化的商业模式并且独立于海外总部单独运营,促进外来企业的扎根和发展。

(2)加强新生代华侨华人中华文化的认同培养,深化其国内社会的"根植性"。对于在国内几乎没有成长经历的新生代华侨华人,他们对"祖籍""乡情"这些没有特别强烈的认同感的,需要培养他们的认同感。首先,通过故土的物质性文化来积淀情感。"睹物思情",物质性文化积淀包括祖屋、祖坟、乡土风貌以及捐建的社会文化事业等,这些均可以作为海外华商对祖籍地"故乡情结"依恋的物质载体,对海外华商价值取向侨乡性的核心特征具有固化作用。其次,按照"特殊情况,特殊处理"的原则提高基层政府政策执行灵活度。就像改革开放初期,涉侨资、引资政策以及在实际工作中对海外华商实行优待措施形成了海外华商进入侨乡市场的利好政策环境。当地政府和社会组织可以邀请新生代华侨华人出席和参与当地的各种大型活动,积极与其进行联络,增强其社会参与感,并对新生代海外华侨华人致富不忘报效桑梓的精神和善举广为颂扬,注重新生代华侨华人本土网络关系的建立。

(3)发挥海外华侨华人社团的联结作用,吸引更多海外高层次人才回国发展。华侨华人社团将独自生活在海外的华侨华人联结在一起，并为他们提供了各种帮助，它是构建华人社会的基石，是广大华侨华人交流沟通的连接枢纽。近年来，新生代华侨华人在华人社会中发挥着重要的作用，他们中的许多精英人才也代替了老一辈华侨华人成为华人社团中的中坚力量，维系着华人社团的发展[①]。首先，积极推动海外华侨华人社团的组建，通过教育宣传中文的途径，唤醒深埋于华侨华人心中的中华民族情感，深化新生代华侨华人与祖国的联系。其次，华侨华人社团可以定期开展文化、商业活动，吸引更多的华侨华人加入社团。华侨华人社团规模的扩大不仅能够帮助社团内部成员赢得更多的人脉帮助和信息资源，还能为华商回国创业发展提供更多的可能性。最后，侨乡侨务部门可以加强与海外华人社团的联系合作，维护好与新侨团新侨领的关系，通过海外华人社团这一中介组织切实了解和解决华侨华人回国创业所面临的问题与困难，为其提供有针对性和有效性的支持与帮助。还可以通过海外华侨华人社团组织挖掘出更多能为中华民族伟大复兴、构建人类命运共同体的高层次新生代华侨华人。

（4）优化回国创业环境，落实优惠政策支持。国内稳定的商业环境是新生代华侨华人回国创业的重要因素之一，回国创业的优惠和政策支持也会相对减轻新生代华侨华人回国创业的经济压力。首先，要适当提高回国创业的福利资金，合理分配回国创业奖励资金。对于海外人才的个人奖励资金与企业的创业奖励资金分开制定，合理制定分配比重[②]。在回国创业初期，可以合理对企业减少税收，以减少企业的创业压力，还可以对高新技术人才回国创业给予更多的优惠和支持。其

---

① 张颖.华社三大支柱对海外华侨华人的影响性研究[J].江苏省社会主义学院学报，2022，23（2）：28-32.

② 李浩然，刘甲坤.海归创业人才效能影响因素分析：以山东济南留学人员创业园为例[J].时代经贸，2022，19（8）：105-109.

次，及时发现新生代华侨华人在创业实践过程中出现的各种问题，降低申请资金扶持的难度，简化创业基金申请的复杂程序。对于具有良好发展前景但资金压力大的高新技术领域的新创企业，政府可以为其简化资金借贷担保手续，使其能够尽快成长并带动其他产业相关的项目落地中国，推动全产业链升级。最后，提高政府政策落实的透明度，做到公平、公正、公开，让新生代华侨华人对于国家政策有信心、对于回国创业有信心、对于未来发展有信心。

（5）建立专项管理机制，给予针对性的引导和帮助。政府可以通过建立海外华商的专项管理机制，统筹深入了解海外华商状况。一方面，要做好新生代华侨华人的统计工作，以便准确掌握和客观评估他们的状况；另一方面，要加强对已经归国的华侨华人的管理，设专门的信息统计与追踪部门，以便及时采集、更新、发布国内用人信息和华侨华人有关信息，对有需要帮助的新生代华侨华人进行精准的创业指导工作。另外，对出于生存型动机回匡创业的新生代华侨华人，政府可以推动海外华侨华人的市民待遇工作。从海外华侨华人的实际需求出发，做好海外华商的就业、出入境管理、社会保险、子女就学、购置房产、办理贷款、申请专项资金支持、创办高新企业享受减免税等其他各项社会政策的衔接，使回国创业的新生代华侨华人的市民待遇能够得以落实，帮助华侨华人尽快适应国内的生活环境。对出于发展型动机回国创业的新生代华侨华人，除了上述的惠民政策之外，他们更多的是需要市场的容纳，希望更早将自己的海外资源落在实处，政府针对他们可以搭建更具有针对性的服务平台，帮助其企业更快落地。

（6）科学运用网络媒体和华侨华人社团，弱化逆向文化冲击。逆向文化冲击对新生代华侨华人回国创业的意愿会产生负面影响，如何降低文化差异给回国创业者带来的负面困扰尤为关键。中华文化也不能因地域限制而消失于海外华侨华人的血液中,我们可以借助网络媒体和华侨商会两个方面进行解决。一方面,在持续改善国内商业环境和就业环境的同时,充分发挥网络媒体的宣传作用,借助抖音、快手、小红书、微信等网络媒体的海外平台对国内的文化环境、营商环境等进行宣传,让新生代华侨华人在海外就可以提前了解国内的社会文化和商业环境,提前做好心态调整与创业准备。另一方面,携手商业部门和侨务部门定期举办联谊活动,主动向回国创业的新生代华侨华人实现文化输出并提供国内社会文化资讯,提升新生代华侨华人回国创业的自我效能感,弱化海内外的逆向文化冲击①。

(7)推动海外华文教育,强化华商文化认同。对于新生代华侨华人来说,推动海外华文教育是华侨华人与中国进行情感联系的重要途径之一,也是促进新生代华侨华人了解中国的重要方法之一,同样也是吸引更多的华商回国创业的重要举措之一。首先,我国政府可以鼓励华侨华人在海外自主创办华文学校,成立公益性的华文教育培训机构,帮助更多的新生代华侨华人了解中国的社会环境与传统文化。政府可以提供更多的资金和人力对其创办华文学校进行远程帮助。例如,通过构建网络平台进行海内外资金募捐,或者派遣国内文化教育人才到海外进行科普教育。其次,要协同教育部门、侨务部门等相关政府机构对海外的华文教育学校进行规范化、标准化、系统化的整顿,避免在教育过程中出现认知偏差的问题,导致华侨华人在海外接受的教育与他们回国后所接触的文化有所不同,从而回国意愿降低。最后,搭建海内外线上交流平台,促进华侨华人与国内的网络信息交流,让双方能够在线上平台进行面对面的沟通与交流,这样可以让华侨华人直接了解中国

---

① 马占杰.逆向文化冲击与海外华侨华人回国创业意向[J].科学学研究,2022,40(9):1641-1648.

的社会环境与文化环境。

本篇小结

首先,本篇基于前面两篇的研究内容,综合了实证研究结果和新生代华侨华人回国创业的实践情况,选取了两个华商回国创业的案例进行研究分析和阐述,详细讲述了他们的回国创业之路,以及海外网络关系对其回国创业的帮助。

其次,根据澳大利亚华商与菲律宾华商回国创业之路的描述,对其进行详细的分析说明,明确讲述了华商回国创业的契机,以及回国创业前后所获得的海外网络关系的支持与帮助,并进一步分析了发展型动机下,海外网络资源对新生代华侨华人回国创业绩效的影响。通过两个实际案例的分析进一步验证了本书第二篇的实证研究结论。

最后,根据对这两个案例的讲述与分析,本篇结合了第二篇中的管理启示内容,进一步提出促进新生代华侨华人回国创业的对策建议,这些建议主要从商业关系、社会关系、创业动机、文化差异等方面进行分析讲述,为充分发挥新生代华侨华人的资源优势,国内应该积极采取多方面措施,促其积极回国创业发展和实现长远发展。

附录一 调查问卷

海外新生代华侨华人回国创业的相关研究

尊敬的女士/先生:

您好! 感谢您抽出时间来完成这份问卷,该问卷旨在对海外新生代华侨华人回国创业的影响因素进行研究,内容不涉及商业机密和个人隐私,亦不用于任何商业行为,烦请您放心填写此问卷,您的回答对我们十分重要。此次调查活动是匿名的,希望能够得到您的大力支持。非常感谢!

华侨大学课题组

一、回国创业的基本情况

1.您在中国创业的年份_____

2.您中国公司/创业团队的员工数量

    (1)100 人及以下   (2)101~300 人   (3)301~500 人

    (4)501~1000 人   (5)1000 人以上

3.您的中国公司/生意的所在省份:_____省_____市

4.您的中国公司/生意所处行业类型

（1）制造行业　　　　（2）服务/贸易行业　　　（3）高科技行业

（4）金融/地产行业　　（5）文化、体育和娱乐行业

（6）其他_____

二、您当时选择归国创业的动机

题目	选　项						
	非常 不同意	不同意	比较 不同意	中立	比较 同意	同意	非常 同意
1.不满意之前的薪酬收入							
2.希望得到经济保障							
3.希望不再失业							
4.希望能够获得成就认可							
5.希望能够扩大圈子影响							
6.希望实现成功创业，掌控自己 的人生							

三、您的海外商业网络关系情况（主要包括海外的供应商、顾客、竞争对手和行业协会等合作伙伴）

题目	选　项						
	非常 不同意	不 同意	比较 不同意	中立	比较 同意	同意	非常 同意
1.贵公司与海外商业合作伙伴高度 信任							
2.贵公司与海外商业合作伙伴建立 了稳固的关系							

续表

题目	选项						
	非常不同意	不同意	比较不同意	中立	比较同意	同意	非常同意
3.贵公司与海外商业合作伙伴经常沟通信息							
4.海外商业合作伙伴经常给贵公司提供有用信息和建议							
5.贵公司和海外商业合作伙伴总是相互帮助、共同解决问题							
6.海外商业合作伙伴能与贵公司共渡难关							

四、您的海外社会网络关系情况（主要包括海外的亲戚、朋友、老乡等社会关系）

题目	选项						
	非常不同意	不同意	比较不同意	中立	比较同意	同意	非常同意
1.您与海外的亲戚、朋友、老乡等社会网络成员相互之间高度信任							
2.您与海外的亲戚、朋友、老乡等社会网络成员相互之间建立了稳固的关系							
3.您与海外的亲戚、朋友、老乡等社会网络成员相互之间经常沟通信息							
4.海外的亲戚、朋友、老乡等社会网络成员经常给贵公司提供有用的信息和建议							
5.您和海外的亲戚、朋友、老乡等社会网络成员总是相互帮助、共同解决问题							
6.海外的亲戚、朋友、老乡等社会网络成员能与您共渡难关							

五、您回国创业绩效情况

题目	选项						
	非常 不同意	不 同意	比较 不同意	中立	比较 同意	同意	非常 同意
1.目前您在华创立的公司生存年限较长							
2.您在华创立的公司能够维持目前经营持续生存							
3.您在华创立的公司未来持续经营发展5年以上的可能性较大							
4.与同行竞争者相比,您在华创立的公司利润增长较高							
5.与同行竞争者相比,您在华创立的公司市场份额增长较多							
6.与同行竞争者相比,您在华创立的公司员工人数增长较多							

六、个人基本情况

1.您的年龄 _____

2.您的性别

　(1)男　　　　　　　　(2)女

3.您的文化教育程度

　(1)高中及以下　　　(2)大专　　　　　(3)本科

　(4)硕士研究生　　　(5)博士研究生

4.您的海外侨居地(华侨)或海外居住地(华人) _____

5.您在中国的祖籍地(若您不知道,请写"不清楚") _____

　如果您对最终研究结果感兴趣,请留下您的 e-mail _____

附录二 访谈提纲

1.您是何时回国创业的？当时选择回国创业的主要原因或者主要动机是什么？劳烦详细说明。

2.您回国创业前在海外有哪些成功的创业经历或者接受过哪些方面的创业教育？

3.您回国主要从事哪些行业领域？这些是您将海外的产业延伸到国内发展，还是在国内开辟新的产业？

4.您在海外的各种关系资源，包括社会关系、商业关系、政治关系等，对您回国创业分别都产生哪些作用？可以的话，劳烦详细举例说明。

5.自您回国创业以来，经营业绩的发展状况如何？期间是否经历一些波折或困境？可以的话，劳烦详细介绍。

6.您回国创业后，对当地的经济、政治和文化环境是否存在不适应？可以的话，劳烦详细举例说明。

7.关于中国的"以国内大循环为主体，国内国际双循环相互促进"的新发展格局，您是怎么理解的？您将会如何参与？